Besik Kharanauli

Sprich mir vor, Angelina!
Fünf Poeme

Besik Kharanauli

Sprich mir vor, Angelina!
Fünf Poeme

Aus dem Georgischen von
Nana Tchigladze

Nachdichtung von
Norbert Hummelt

Dağyeli

Dieses Buch wurde mit freundlicher Unterstützung
des Georgian National Book Center und
des Ministeriums für Kultur und
Denkmalschutz von Georgien
veröffentlicht.

MINISTRY OF CULTURE
AND MONUMENT PROTECTION
OF GEORGIA

**GEORGIAN
NATIONAL
BOOK
CENTER**

1. Auflage 2018
© J & D Dağyeli Verlag GmbH Berlin
© Intelekti Publishing 2018
© Besik Kharanauli

Konzeption und Gestaltung: Mario Pschera
Gesetzt aus der Albertus Nova
Druck & Bindung: Booksfactory
Printed in Poland

ISBN 978-3-985597-92-0

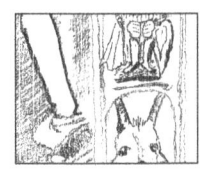

Unser Dank gilt allen, die diese Ausgabe ermöglicht haben,
und dem Berliner Fotografen Wolfgang Korall für die Inspiration.

Die behinderte Puppe

Mein komischer Hut hängt zu Hause im Flur, da kann er noch **drei** Jahrhunderte hängen, ich dagegen werde hier durchnässt. »**Ein Taugenichts** bist du, zu nichts zu gebrauchen, aber wenn's warm ist, **setzt du ihn auf!**« Wenn diese Trambahn **immer nur führe**, liefen ihr dann nicht die Kunden davon? **Was** wäre, wenn sie sich gar nicht **beeilte**, nirgends hielte, die Fahrgäste aber,

Die behinderte Puppe

Vergebens lebt ihr euer Leben,
Vergebens legt ihr euch ins Grab...
Wascha-Pschawela

I

Morgenstunde – der Geschmack der ganzen Nacht ist in dir,
auf deiner Zunge bietet er sich dar.

Und schon erwachte Alexandre,
wieder wurde Ale wach.
Wie oft denn noch?
Kümmert es im Grunde jemand,
kommt es überhaupt drauf an,
wie oft man noch erwachen kann?
»Ich erwachte und sah vor dem Fenster den Schnee«,
»Ich erwachte, und meine Mutter war gekommen ... «
Unsinn, weil kein anderes Erwachen
uns auf die schlaffen Beine hilft,
dass uns die Übung leichter fiele,
die Augen heute aufzukriegen

und sich wie ein großer Bruder
uns selbst zur Seite aufzustellen
und mit einem Schulterklopfen Mut zu machen:
»Sei nicht bang!«
Allein steht er
vor einem großen Ozean
und ob er nun will oder nicht, er muss hinein.

»Er ist erwacht!« flatterte das Federvölkchen
und verflog sich in alle vier Winde.
Doch reichen Lohn gab's nicht für diese Frohbotschafter,
im Gegenteil, sie hatten wen verpfiffen.
»Ja wer denn nun, um Himmels willen?«
So fragte man die Vöglein aus
ob ihrer kleinen Unwahrheit; sie waren oben aufgefallen,
weil sie die Luftfarbe verändert hatten.
»Wer? Der Mensch ist aufgewacht!«

»Ach, ihr sprecht dies Wort so aus,
mit euern unblutigen Schnäbeln,
als sei Gott weiß etwas geschehen.
Macht den Schein der Lampe trüber,
das bekommt dem Kranken besser.«

Sein Name ist genau so kurz
wie alle anderen bei uns:
anstatt Giorgi – Gogi oder Gia,
anstatt Daviti – Dato oder Data,
und aus einem Konstantin wird Kotija oder Kote.
Ein ganz vernünftiger Kompromiss,
so scheint mir,
damit man nicht statt Kote immer
den ganzen Konstantin bemühen muss!

Und noch ein Mensch ist aufgewacht,
noch ein Zweiglein regte sich,
und er ist davongeflogen, und die Welt hat einen Menschen mehr.
Doch am Abend kommt er wieder her,
klopft sich den Staub von seinen Schultern.
Solange, wie der Zweig von seinem Sprung nachschwingt,
begleitet die Nacht den Flüchtigen betrübt –
die aus dem Netz geglittene Forelle!

II

Und wieder ist er aufgewacht,
und wieder ist er aufgewacht,
nein, nicht früher,
nein, nicht später,
so viele Male, wie es brauchte, dass er ein Meister des Erwachens wurde.

Er hat die Augen plötzlich aufgemacht,
er ist mutig vor den Feind gesprungen,
aber da war nichts ...
alle lagen in den Schützengräben,
alles war so, wie es sein muss.
Frau und Tochter schliefen ruhig,
nur die Mutter klirrte in der Küche,
so wie eine alte Maus eine Nussschale
um die Sofaecke rollt.
Aber stille, nichts davon!
Das darfst du nicht verraten, Ale!
Wie ein Pilger in der Kirche fühlt er sich an diesem Ort,
ganz leise lauscht er der Musik des Morgens,
dass ihm keiner einen Strick dreht aus der Herzensfreude.
Die Dinge schlagen Purzelbäume
in den Augen des Erwachten –
so wie aufgedrehte Frösche,
die einen Teich gesehen haben.

Erstmal fuhr er seine Augen aus, Fangarmen gleich,
und sah sich um. Worauf warten wir, Schnee oder Frühling?
Völlig schnuppe!
Alles tickt wie ehedem,
das Kind schläft
wie ein Stein so tief, der am Grunde des Gewässers ruht,
die Gattin aber zieht sich an.

Die Morgentoilette einer Frau – ein echter Klassiker,
archaisch und unwandelbar
wie die Welt.
Und wenn auch die Epochen jeweils Neues brachten,
blieb das Wesentliche immer gleich:
es geht nicht darum, den Leib zu bedecken,
sondern darum, ihn zu kleiden,
was kein Spaß ist,
sondern Arbeit,
und das fechten wir nicht an, sondern unterwerfen uns.

Was für eine Pose ist es,
wenn sie sich nur die Strümpfe anzieht!
Wo immer ihr dabei sein könnt
bei diesem zauberhaften Ritus,
ob zu Hause oder »anderswo«,
weicht nicht aus, seid stolz darauf,
weil ihr einem Rhythmus beiwohnt,
der schon vor euch war.
Werft einen Blick auf dieses Ritual,
werft ihn begehrlich,
so, als sei es euer letzter, und ihr nähmet dieses Bild als Speise
mit euch auf die Jenseitsreise,
wie ein Stück vom Himmel, eine Handvoll Wasser,
wie die Spitze eines Baumes,
die als Erinnerung an unser Erdenleben uns auf dieser Fahrt begleitet.

Und wie der Frühfrost an den Morgenfenstern
ist an ihrem Busenhalter
das Silber blankgescheuert
und mit Stoff umwickelt.
Wundersam, wie sie so angeschirrt
den Pferdchen ähnelt, wenn sie nach Zirkusart gesattelt sind,
als stünde eins von ihnen nun vor dir.
Die Ähnlichkeit? – Gott, der Mann soll sich ja seine eigne Frau
gebären,
damit sie ihrem Manne gleicht
und nicht irgendeinem alten Sack.

Als wäre diese Morgendämmerung
nicht mit der Regsamkeit der Vögel angebrochen,
nicht mit dem Hupkonzert der Mülltransporter,
als wäre heut nicht
jener Montag,
der dem Wochenende folgt,
an dem ein Mann wie unsereiner sich erholt,
als wäre schon die Wochenmitte,
ein Donnerstag, vielleicht schon Freitag,
jener Tag, der schon seit Anbruch dunkelt,
Zeit, die Ochsen loszubinden, den Feierabend einzuleiten,
Zeit, wenn die windgeblähten Bäuche fliehen ...
es ist der Morgen, anderen zum Trotz,
ein Montag eben,
an dem die Glocken läuten und die Vögel singen.

Und Ale, Alexandre ist erwacht,
als hätte er's sich reiflich überlegt,
wie er nun zum Feinde übergeht.
Er hat den Zaun des Fremden überklettert.
Warum dann das erschrockene Herz?
Die Frau, die Mutter und das Kind und alles
geht wie ehedem geordnet seinen Gang
und Ruhe herrscht in der Familie.

Aber die Träume, was ist mit denen?
Müssen die Träume nicht verwirklicht werden?

III

Was gehört uns?
Vielleicht der Moment,
der Augenblick zwischen Schlafen und Wachen,
gestaucht zwischen diesen mächtigen Größen,
dem niemand je ein Lied gewidmet hat,
an den niemand sich erinnert.
Diese Spanne – bis wir wach sind,
wenn wir nicht mehr schlafen.
So lange uns die nahen Dinge und die ferneren Begriffe,
diese Welt und dieses Leben,
einzeln oder haufenweise,
geordnet oder durcheinander,
noch nicht auf die Pelle rücken und in Ruhe lassen!
Was gehört uns?
Vielleicht der Moment,
der Augenblick zwischen Schlafen und Wachen,
ein Niemandsland zwischen feindlichen Staaten –
ein Eden.

Dann jedoch ist uns der Morgen
die Krone auf der Meereswelle!
Wir wurden aus der Nacht entlassen,
aber uns gewinnt der Tag,
und es geht uns
wie der Beute,
die ein Greif dem andern raubte.
Planiert wird der Weg,
der über uns führt,
und mit und ohne Voranmeldung
tritt das Leben in uns ein!
Kann schon sein, dass die Widrigkeiten
ihr selbsterhaltendes System entfalten,
oder gleich zu allererst
der Großinquisitor bei uns vorstellig wird.

Schon seltsam, ja seltsam ist meine Erwartung,
meine Erwartung, wenn schon alles markiert ist, zusammengebracht
und einzeln gruppiert ist,
sauber getrennt,
bin ich wie ein Fuchs, der zerrt und rennt,
in einem Forst, wo alle nur jagen,
und niemand will mit mir zu schaffen haben.
Ich aber stehe und attackiere
und halte die Spur
immer trotzig und immer stur.

Schon seltsam ist das, ja eigentlich lachhaft,
wenn unter dem Himmel
dir gar nichts gehört
und du es trotzdem wieder und wieder und immer wieder aufs Neue probierst
und immer aufs Neue, dich zu gewöhnen, mit dem Gegebenen auszusöhnen,
markiert zu werden, dazuzugehören,
und möchtest zugleich dich dagegen empören,
dass nichts
in der Welt ist, niemand und nichts,
der für dich je eine Lanze bricht.
Diese Geste?
All denen ist sie gut bekannt,
die ihr nicht trauten von Kindheit an,
später hat man dann erlernt,
wie man sich einverstanden erklärt.

Vergiss nicht, der Schlaf gehört auch dem Tod,
er ist sein Tropfen, sein Härchen.
Ale, steh auf! Alexandre, gib Gas!
Erwachtest du nicht mit dem wiehernden Pferd
und mit dem tastenden Griff nach dem Schwert?
Der Morgen weckt aus ihrem Schlummer
die blauen Zelte auf,
wie deine kräftigen, mächtigen Hände.
Steh schon auf, du heiterer Kraftprotz,
alte Frohnatur, du musst schon noch ums Überleben kämpfen,
erhebe dich
und zeige dich der Welt!
Dann lässt der Wind bald deine Augen funkeln
wie Kohlenglut, die über Nacht unter dem Grus erhalten blieb,
und die gestrige Asche wird er von dir nehmen.

15

Freilich wäre er aufgestanden,
hätte er sich nur nicht so im Bett blamiert,
der Alexandre!

... und als Gott mit der Geschichte gegen Ende kam,
fügte er am Schluss hinzu:
Die Menschen lebten immer so,
als hätte ich sie nicht aus Lehm geschaffen,
sondern aus Stein oder Eisen
oder aus Wind.
Feingliedrig seid ihr, zart
und zerbrechlich,
und ich kann mich gut daran erinnern,
wie behutsam ich das allererste
Menschenmodell auf der Erde abstellte.
So, wie ein Kranker sagt:
»Irgendwo zieht's hier«,
wundere ich mich und begreife nicht,
woher ihr den Geist nehmt,
euch selbst zu überflügeln,
was für ein Samenkorn
ist mir denn da per Zufall in den Lehm geraten,
wie ging es zu,
dass ihr niemals mit euch selbst zufrieden seid!
Ihr habt mir so die Bude eingerannt,
dass ich von meinem Berg schon nicht mehr gern herniederschaue,
ständig steigt da irgendwer die dürren Abhänge empor,
na, klettern kann man ja,
doch unterwegs
bleibt dann die Seele in den Dornen hängen,
geht ihr Fleisch in Fetzen.
Ihr wollt nach oben, hier in meine Sphäre,
wogegen ich gern auf euch neidisch wäre.

IV

Es ist Morgen. März. Februar.
Eine Stoßzeit. Nieselregen, Geräusch.

Bei einem derartigen Wetter
trägt alles, was du sehen kannst
und alles, was du denken kannst, die Wundmale der Nichtigkeit.

Ein Vorort ist das nicht hier,
aber auch kein Zentrum – goldene Mitte,
halt so ein Bezirk,
wenn einer hier kein Arbeiter ist, ist er im Zweifelsfall Beamter.

Das Schild von irgend'ner Behörde
hängt wie eine dunkle Wolke
vor dem Himmel
und die Tage gehen öde,
ohne Azur.

Die Trambahn fährt mit einer Glocke am Hals.

An der Haltestelle – Mutter und Tochter,
hübsch alle beide,
jung,
zwei Weiber,
eine Kuh und eine Färse;
lehnen aneinander,
zwei Blätter im Wind.
»Seit der März begonnen hat,
gab es keinen schönen Tag.«
Rätselhaft ist ihr Bestreben,
das sie zueinander zieht,
als wollten sie sich vergewissern,
als können sie es nicht vergessen,
dass sie einst
ein Körper waren.
Zwei Kühe in der Kälte ...
Eiskalte Knie schlagen aneinander,
so kalt ist es auch den Steinen im Wasser,
so kalt ist es auch den Pfeilern der Mühle,
die an der Quelle eingerammt sind.
Wer wird sie führen in meinen Stall,
wer wird das tun –
wenn ich sie dann nur betrachten könnte,
vor dem Gatter, mit hängenden Köpfen.
Ich muss raus hier, ich muss rennen,
die Zäune niederreißen, die mich trennen,
einen werd ich stehen lassen,
über den sie mit den Beinen kommen.
Sie werden sich um alles sorgen
und den Vorhof meines Hauses
machen sie mir ganz schnell warm.
Und die Steine meines Hauses
werden zittern,
denn sie sind's nicht mehr gewöhnt.
Im Jenseits will ich nicht mehr ein Georgier heißen,
ich will zu irgendeinem großen Volk gehören
und mit einem Wort erklären können,
wer ich bin.

»Mon Dieu« – wie oft schon wurde
dieses Wort, der Name Gottes, ausgesprochen,
wie viele Lügen, wie viel Wahres,
wie viele ungelebte Träume!

»Mon Dieu!«
Nicht wie eine zähe Masse, nicht wie ein Teigklumpen
wurde er gegriffen,
vielmehr zupfte man ihn mit zwei spitzen Fingern,
hielt ihn dann ein wenig in die Luft,
ließ ihn abtropfen
und trocknen,
und dann ab mit ihm zum Backen
in die heiße Pfanne! ...
Und dann mit geschlossenen Augen,
um sich nicht den Ort zu merken,
gleichsam im Vorübergehen,
um sich keinen Kopf zu machen
und ihn nicht einst wie eine Nadel, säuberlich sortiert im Kästchen,
in der Erinnerung aufzufinden,
hat man ihn weggeschmissen und hielt Abstand,
hat sich rasch entfernt,
damit kein Plumps im Wasser
und kein Aufschlag auf Asphalt
vor ihren Fenstern wie ein Efeu rankte, wie ein Efeublatt,
das so dünn ist wie ein Ohrläppchen, und zart.
Genau um diese Zeit ...
In Kurzform, dass man nicht zur Unzeit
seiner sich erinnern würde!
Da muss man natürlich auf Nummer Sicher gehen,
versteht sich.
Man fürchtet sich dann sogar
vor jedem Bettler, der an der Haustür klingelt!

»Und die Erziehung?«...»Wurde er erzogen?«
Die Vokabel fiel ihm wieder ein,
als er schon über alle Berge war.

Nicht deshalb, weil du verliebt bist—
weil dir das Herz gebrochen wurde,
kehre dein Gesicht nach der Natur, kehr dich zu den Menschen um!

Wenn du singst, dann singe von dir selbst,
und glaube daran, dass es heilig ist,
sich selbst zu lieben,
wenn du allein bist,
wenn du Jammer leidest,
niemand bei dir ist.
Wenn du manchmal in den Bergen,
manchmal in der Ebene bist,
manchmal dich am Berggrat wandernd,
manchmal nackt am Ufer siehst,
wenn du dieser ruhelosen
Wanderschaft, die keinem nützt,
und die der Natur nach einen Namen nicht besitzt,
jetzt für andere, die dich sehen,
und dich selber zu betrügen, einen Namen gibst,
ruft dich jemand aus der Ferne:
»Wichser!«
Alles, was du tun kannst,
ist ein Feld bestellen
und dir eine Frau zu nehmen
und zum Freund
kannst du den Hasen wählen,
nach dem du so vergeblich rufst...
Wenn du singst, dann singe von dir selbst,
und glaube daran, dass es heilig ist,
sich selbst zu lieben.

Wenn du hier in dieser Stadt,
dieser Millionenstadt,
nutzlos mit gespitzten Ohren rumläufst,
aus den Fenstern ruft dich niemand,
niemand springt auf den Balkon
wie der Kuckuck aus der Uhr:
niemand streckt nach dir die Hand aus,
der dich auf der Straße sieht,
als hättest du hier nicht so lange,
lange Zeit gelebt,
als wärst du ein Bauer, der nur hier einkaufen geht —
dann tust du dir im Herzen
selber leid
und wenn du singst,
dann sing von dir selbst
und glaube daran, dass es heilig ist,
sich selbst zu lieben.

Mein komischer Hut
hängt zu Hause im Flur,
da kann er noch drei Jahrhunderte hängen,
wenn man ihn lässt,
ich dagegen werde hier durchnässt.
»Ein Taugenichts bist du, zu nichts
zu gebrauchen,
aber wenn's warm ist, setzt du ihn auf!«
Wenn diese Trambahn immer nur führe,
liefen ihr dann nicht die Kunden davon?
Was wäre, wenn sie sich gar nicht beeilte, nirgends hielte,
die Fahrgäste aber, in ihren Sitzen, ließen in Ruhe die Beine trocknen.

V

In einer anderen und strengeren Epoche wäre ich wohl ein Sklave gewesen.
Besser eigentlich.
Dann hätte ich nicht meinen Verstand so bemühen,
meinen Grips nicht nach Kräften anstrengen müssen.
Ich wäre einer Ordnung gefolgt
und hätte dabei stets gewusst,
dass ich einem höchsten Willen gehorche,
einen Patron mein eigen nenne –
selbst wenn's ein strenger gewesen wäre,
aber einer, der für alle denkt.
Ja, gewiß ... es ödet mich so an, mit diesem furchtsamen Herzen zu wandern,
es stünde vielleicht einem Spatzen gut an,
und den kriegten dann die Chinesen.
So auch jetzt,
so weit man schaut, zu allem gibt's
eine andere Meinung.
Ich aber meine grundsätzlich nichts
und halte das auch für vollkommen richtig,
warum sollte ich mich denn ins Zeug legen,
warum soll ich das erzeugen,
was es schon von jeher gibt
und bereitsteht, mir zu dienen.
Früher dachte man, es gebe einen Gott,
der sich um die Menschen sorgt,
aber kann denn dieser Gott sich jedem Menschen einzeln widmen?
Ich habe mit Petre nur eines gemein – das Rückgrat.
Aber was ist dann das Schicksal?
Ich hab mir einmal sagen lassen, jedem Menschen zeige sich sein Los
einmal nur in seinem Leben,
wäre es denn da nicht besser, statt des dauernden Geredes,
diese Stunde zu erwarten?
Doch womöglich liegt das Schicksal auch in unsern Genen,
und deshalb hält man uns wie Hunde?

Das Erbe ... Hinterlassenschaften ...
Wie oft versuchte ich, sie zu verbrennen
oder zu vergraben.
Dies von einem fernen Onkel,
Jenes mütterlicherseits.

Wenn ich mich zur Erde beuge, ist es nicht der Rosen wegen,
ich ziehe nur die Pflöcke raus.

VI

Was für ein Leben hat ein Mann mit vierzig?
Als spräche ein verborgener Reiseleiter:
»Ab hier verändert sich die Landschaft.«
Nicht, dass sie verdorren würde,
man kann fast sagen, sie wird unanständig.
Die klassische Epoche,
Ruhe mischt sich in die Leere ein,
Opakes – damit er sich nicht selbst verrät,
er schaut nicht, er beobachtet,
und dann die Angst, allein zu bleiben:
Gibt es einen Schutz davor,
dass nicht irgendein Geheimnis,
eine rätselhafte Stille
aus einem Zimmer,
zwischen Schrank und Wand,
eine Stille aus den Sträuchern,
rings von Bäumen eingekeilt,
jäh die Straße überflutet
und ihn mit der Frage anstarrt?
Und was soll er darauf sagen?
Welche Antwort gibt er dieser Stille,
die ihn, stellt sich nun heraus,
schon sein ganzes Leben mustert?
Stellt er den Schrank nun dichter an die Wand?
Stopft er die Winkel aus in allen Zimmern?
Leute, die wir durchaus schätzen,
geben sich enorm geschäftig, weil sie diese Frage fürchten.

Was für ein Leben hat ein Mann mit vierzig?
Was quittiert er mit »na ja!«,
worunter macht er einen Haken,
hat er's geschafft,
sich durchgesetzt,
hat er gefunden, was er suchte,
und was immer jetzt noch kommt,
wird leichter?
Was quittiert er mit »na ja!«,
zu welchen Höhen ist er aufgestiegen,
auf welchen Gipfeln lehnt er sich zurück,
erstaunt, doch
mit sich selbst zufrieden,
und wo streicht er, milde lächelnd,
übers grüne Gras,
und fühlt, verjüngt,
den grünen Strom
in seinen Adern fließen?

Was für ein Leben hat ein Mann mit vierzig?
Er dreht die letzte Runde
seiner Jugend,
und beim Zieleinlauf
erwartet niemand ihn auf den Medaillenrängen.
Mit Vorwürfen wird er verschont,
Mit Ansprüchen nicht überhäuft,
man kennt ihn mittlerweile halt,
na also!
Man weiß, was er für'n Vogel ist,
was er so kann,
er kommt zu spät beim Zieleinlauf,
er dreht noch eine Ehrenrunde,
und in dieser schicksalhaften Spanne Zeit
schaut er in die Ferne aus
und schaut zurück in die Vergangenheit.
Er sieht vor sich, bevor das Rennen anfing,
die hübschen Jungfrauen, angetreten, um sich warm zu laufen,
hauteng waren sie gekleidet,
mit dem Feigenblatt geschützt
wie die Butter aus dem Landgut,
sieht ihre glückstrahlenden, reinen Gesichter,
die solche Fragen
noch nicht kennenlernten.

Jawohl, es ist die letzte Runde
seiner Jugend
und der erste Ring der Hölle.

»Und die Erziehung?« – Hä? Wie meinen?
Ich kann, auf mich bezogen,
dieses Wort nicht deuten,
es ist mir fremd und sonderbar
wie der Duft des afrikanischen Veilchens.

»Erziehung… erzogen… wurde er erzogen…
Seit Vater war ein wohlhabender Mann…
Seine Mutter aber liebte die Musik
und ebenso die Poesie.
Namhafte Künstler und Komponisten
gingen aus der Familie hervor…«
Im Winter träumt das Pferd, auf Stroh gebettet,
von den Hügeln, weich von Luzerne.

Ach Jugend,
hab ich dich wirklich getadelt?
War nicht die Liebe
dein Metier?
Was für ein Leben hat ein Mann mit vierzig?
Die Weisheit des Alters ist teuer bezahlt,
besser aber ist es,
dumm zu sein, sechzehn Jahre
und verliebt.

VII

Sechzehn Jahre war ich alt
und hatte mich verliebt.

Gewiss habt ihr von der Venus gehört,
mein Bett stand unter ihrem Stern,
als junger Mann lag ich von ihrem Blick gefesselt,
sie war mein Mutter-Stern,
sie sah mich an,
als ich zuerst die Liebe entdeckte,
sie salbte mir das Herz
und wisperte in meine Ohren.
Und es begab sich, wie die Alten künden,
in meinem Dorf.
Jawohl, ich war der Pionier, der hier zum ersten Mal die Liebe brachte,
ich habe sie für mein Volk erfunden,
ich lenkte mein Pferd einen anderen Pfad.

Als ich ein zarter Knabe war, mit Sonnenbrand, mit vierzehn Jahren,
piesackten mich die Dorfbewohner sehr.
Sie störten sich an meinen langen Haaren
und es störte sie beinah noch mehr,
dass ich nicht Tag und Nacht zur Arbeit kam.
Aber Gott stand mir womöglich bei
und ließ mich meine Kraft bewahren,
denn er wusste,
käme erst die Zeit,
dann täte ich dem ärgsten Manne leid,
und er bäte mich, von der Spitze des Feuers
für kurze Zeit einmal herabzusteigen.
Ich aber bleibe auf der höchsten Flamme,
so wie ein Ball auf der Fontäne tanzt, nicht anders,
und lächele breit über beide Backen.
Und ich will ein Mädchen haben,
das wie eine Weizengarbe an meiner Seite steht,
so eine will ich, die sogleich
die Vorhänge vor meinem Fenster aufreißt:

»Hier bin ich, schau, ich bin hier,
die Erde wurde krummbogen,
um dich an mein Herz zu heben!«

Aber nicht die Mutter war es, die ich kriegte,
sondern die Tochter...
Eine Jungfrau aus solidem Haus.
Auf dass sie eine musische Seele
und Zärtlichkeit und Anstand
aus ihrem Vaterhaus herüberbrächte,
wie ein Taubenküken aus dem Nest ein Zweiglein.

Ein solches Mädchen, bleich, von dreizehn Jahren,
fasste mich verwundert mit dem Finger an,
wie man sich einem Hund verhalten nähert
und demutsvoll in eine Nische schaut.

Danach ist viel Zeit vergangen,
aber die berührte Stelle will nicht heilen
und sie wandelte sich in ein Loch,
durch das die Schlangen in die Seele
wie in eine Höhle krochen,
und die Winde trugen dorthin alles Chaos dieser Welt.
O ich weiß sie noch, die Sonne,
wenn ich von ihr Abschied nahm, in der engen Straße,
und ich weiß die Zäune noch,
die meine Hüfte blankgescheuert,
und mein Haar, das an den spitzen Drähten hängen blieb.

O ihr Straßen, Nachtlaternen,
hier geschah mein erstes Mal.

Ich war darauf so versessen
wie ein wahnsinniger Dichter
auf seine herrlichste Idee,
so wie Musik sich eilt
zu ihrem Hauptmotiv
und sich auf dem Weg dorthin
von allem anderen trennt,
wie man die Augen schließt, um zu vergessen.

Saht ihr denn wohl die alte Burgruine,
um die die Winde betäubend tosen,
mit ihren Büscheln von grünem Gras,
wie sie ein Mädchen mag, von sechzehn Jahren,
das nicht heraus kann aus dem Brombeerbannkreis?

Entleerung... Erfüllung...
Schweißtropfen klebten uns am ganzen Körper,
die sahen aus wie lauter Weizenkörner.

Woran soll ich denken?
Die Zeiten mischen sich in der Erinnerung,
dass es wohl angemessen wäre, sich herauszuhalten.
Oder muss ich stärker sein?
Wie die Bohlen einer Brücke
einander gegenseitig stützen,
wenn darüber eine Herde rennt.

Woran soll ich mich erinnern?
In meiner Kindheit gibt es nichts,
das ich für makellos und rein erachte,
so wie eine Zimmerwirtin
niemals saubere Laken findet,
so kann auch ich für nichts garantieren.

Und die Liebe?
Weil sie zu Lasten des naiven Herzens ging?
Womöglich fällt mir etwas ein,
in das ich mich nicht eingemischt,
dem ich bloß zugesehen habe, vom Balkon.

Und die Liebe?
Ich blieb auch bei ihr nicht bis zum Schluss dabei.
Hier, wie auch in anderen Dingen,
mochte ich nicht
den Grünschnabel geben,
der mehr vom Baum nahm,
als er schultern kann.
Ich bin ein anderer,
ich nehme so viel, wie ich tragen kann,
und stehe wohlbehalten vor der mittleren Tür des Altars.

VIII

Dieser alte Spruch aus dem Krieg –
»Als ich dran kam, war das Brot aus«,
sagt schon alles über mich.
Selbst dieses unansehnliche Mädchen,
das alle Schaufenster der Stadt persönlich kennen,
wird mich mit Verachtung strafen.

Und womöglich
gibt's darauf Rabatt,
wenn allen andern alles glückt
und alle jedes Ziel erreichen,
du hingegen bleibst für dich,
deinem Schicksal treu ergeben,
und denkst an deine Sünden
vor dem Schlafengehen.

Nein, natürlich,
hundertprozentig
gibt's darauf den fettesten Rabatt...

Was soll ich von den anderen sagen, da ich selber an mein Glück
gar nicht erst zu glauben wage,
als gefiele es mir nicht, wenn es mir mal gut erginge,
als wäre daran irgendwas verkehrt.
Es gibt wirklich in der Welt Gesichter,
deren einzig wahrer Ausdruck –
eine blöde Fresse ist.

Viele Gesichter –
nicht eine Ikone.

IX

Als suchte ich in der Erinnerung
nach irgendeinem Fluss,
an dessen Ufern ich einst glücklich war,
mit breiten Wäldchen,
sanften Schluchten,
wo es von allem reichlich gab,
was ein Mensch zu seinem Glück auf Erden braucht:
Sträucher – als ein Labsal für die Augen,
Wiesengründe – zum Vergessen,
sich ins blumenübersäte Grün zu legen
und bei Erscheinen der Tsantskata* still im Herzen sich zu denken:
»Dieser Vogel eint mich mit dem Himmel.«
Als suchte ich in der Erinnerung
nach irgendeinem Fluss,
an dessen Ufern ich einst glücklich war,
wo ich nicht die Pflöcke rauszog,
sondern weiße Rosen pflückte.
Ich suche so, und wenn mir plötzlich scheint, ich fände ihn,
entschwindet er vor meinen Augen, wie der Faden,
den schwache Finger nicht mehr halten können.
Oder hab ich ihn verloren aus Freude über meinen Fund?

Doch wenn ich ihn gefunden hätte, wenn er mein wäre,
wie hätte ich ihn dann genannt?
Wozu das Glück
für mich allein,
was kann ich denn, zum Teufel, mit dem Wohlbefinden
für mich alleine unternehmen?
Und warum ärgert mich menschliche Bosheit,
die tausendfältigen Erscheinungen des Hasses und der Gier...
Und dennoch bin ich dankbar, dass man mir die Wahrheit sagte,
was man fühlte, was man meinte,
unversehens warf man es mir an den Kopf
und drückte es mir ins Gesicht
wie die Handteller eines Friseurs,
die mit tausend Gerüchen gesalbt sind.

---

* örtliche Vogelart, der Bachstelze ähnlich

Seltsam, wenn wir andere tadeln, sind wir am ehesten wir selbst
und können unser seelisches Gleichgewicht halten.
Dabei ist es doch umgekehrt,
denn wie sollte man diese Welt verstehen,
ohne vor ihr auf die Knie zu gehen?

X

Selbst einem Samenkorn weist die Erde seinen Ort an,
aber ich bin doch ein Mann, auch ich brauche einen Ort.
Wenn's einem schlecht geht hinter sieben Bergen,
ist das fraglos eine Meldung,
doch wenn neben dir ein Mensch ertrinkt –
ist nichts zu machen.
Humanismus?
Eine feine Sache,
geradezu die Krone der Menschheit,
doch soll sich jemand anders daran halten,
wir werden ihn in höchsten Tönen preisen
und richten ihm ein Denkmal auf...
Aber wir – nur nicht wir selbst, nicht einmal unser Kind,
soll doch ein anderer, soll dessen Kind sich darüber den Schädel zerbrechen...
Doch dann tanzt einer, so ähnlich wie ich, aus der Reihe,
die Welt erbarmt ihn
wie ein Küken,
das am Weg gefunden wurde
und dem kalt ist.
Oder schlimmer: dieser Streber
betritt sogleich die altbekannte Bühne
wie jemals nur ein Don Quichotte
und posaunt nun seine Wünsche groß in alle Welt:
O Universum, o Universum,
teilst dich in gar so viele Planeten,
du flogst hinweg wie das weiße Geschirr, das einstmals der Kamari* gehörte,
O Mutter Erde, o Mutter Erde,
die du geteilt bist in zwei Hälften,
wie die Hälften der geliebten Frau;
O Stadt, o Stadt,
wo in jeder Familie
stets ein Topf mit Teer am köcheln ist,
und wenn die Dinge nun einmal so liegen,
dann lasst mein Elend eurer Eintracht dienen!
Heimlich imitieren wir
jene, die wir verspotten.
Und wie vieles kann einer bemerken –
wer aber liebt, in allen Dingen sucht er nach sich selbst.

---

*   Heldin der georgischen Mythologie, half dem Helden Amirani

Wäre nicht ich auf dieser Welt,
dann wäre wohl alles in bester Ordnung.
Ich bin die Hauptursache dafür, dass die Welt ein einziger Murks ist,
und unter all den vielen Menschen fand sich leider kein einziger Seher,
der die Hand nach mir streckte und rief:
Der da ist es, ergreift ihn, und schlagt ihn tot.

XI

Ich hab die Schnauze voll. Vielleicht wär's besser,
ich wartete auf jenen göttlichen Moment,
wenn ich mich lächelnd dessen entsinne,
dass ich, ein solcher Prachtkerl, mich in letzter Zeit,
ach was, vor hundert Jahren selbst betrogen habe,
ich werde warten wie der Bär in seiner Höhle,
bis der Zweig des Bärenklaus vor seinem Höhlenloch verschwindet.

Ich kann an jedem Tag, auch heute,
mein Leben neu beginnen,
sinnvoll und vernünftig,
doch mindert das die Angst vor dem Verlust?
Wie kann ich die göttliche Faulheit erlernen,
oder lasse ich von ihr?

Man hat schon manches mitgemacht,
doch kennt man keinen,
der sich seiner Schönheit schämte
und der ob seiner Klugheit fügsamer geworden wäre.
Ein solcher aber kann, o Gott,
sich nie die Geste aneignen,
wie man seinen Nächsten bittet
um sein täglich Brot.
So sagt mir,
ob es besser wäre,
ein Herz aus Stein zu haben
oder eines,
das weich ist wie ein Nadelkissen?
Sagt, was ihr wollt,
mich aber nennt man einen Mann,
und meine Frau und meine Kinder lasse ich in Frieden leben.
Sagt mir, wär es da
nicht besser, wenn du gezielt
auf deine Seele spucktest?
Aber was heißt das, doch nicht du allein?
Wer immer Spaß daran verspüren könnte,
alle werden auf sie zielen
wie auf das ausgehängte Bettzeug einer Witwe.

XII

Ein langer Tag ist es,
so wie der Januar ein langer Monat ist.
Wäre er noch doppelt so lang...
Es ist wie der Schmerz,
er lässt dich nur dann, wenn du am Boden liegst.
Er braucht dich noch für ein anderesmal,
dann wird er sich zu dir legen und ein kleines Schläfchen halten
wie ein gesättigtes Raubtier.
Es ist Abend geworden,
die Sonne geht mit gesenktem Kopf wie ein Stier.
Mensch und Tier
kehren nun nach Hause zurück.

Es ist unser Glück,
dass wir so viel gemeinsam haben.
Auch Tiere kennen die Leidenschaft,
doch ihr Begehren geht kurze Wege,
sie halten sich an den Zaun in der Nähe,
damit sie nicht den Halt verlieren.
Und wenn eins von ihnen
mit erhobenem Kopf in die Gegend schnuppert,
ist es, um sich zu vergewissern,
ich bin also hier!
Die Menschen dagegen, die Unglückseligen,
wissen genau,
dass ihr Begehren umsonst ist,
dennoch, was regt sich
dort hinter dem Vorhang,
was geschieht in dieser Höhle,
wo Feuer brennen sollte
und die Schatten tanzen?
Sie aber, die Patrone des Dunkels,
wissen es gut, was darinnen geschieht,
und es kümmert sie nicht im Geringsten,
dass auch unsereins sich niederlassen
und das Unbehaustsein überwinden möchte.
Unser Begehren geht ihnen nicht ans Herz,
sie achten seiner so wenig
wie auf den üblichen
Ruf eines Bettlers,
sein Beutel sei leer.

Es gibt nur das Eine,
das Nichtsein...
In diesem Augenblick, wenn wir sterben,
wird sich unsere Vergangenheit löschen,
nicht einmal eine nutzlose Aufnahme bleibt,
nicht einmal so viel,
wie ein vertrockneter Fluss zurücklässt.
Keine Freude, keine Plage
bleibt nach dem Verschwinden...
Alles
wird ins Nichtsein eilen.
Was übrig bleibt, wenn überhaupt: die Bücher,
und groß zeigt ihre Titelseite:
den Vor- und Nachnamen des Autors,
aber das sind nur Symbole
und sie haben nichts gemein mit dem lebendigen Menschen,
der für uns schöne Bücher schrieb,
um den Schatten des Nichtseins zu schrecken.
Zu dieser Zeit war noch ohne Bedeutung,
wie lange du lebst,
denn kraft dieser Zeit gab es weder
den Tag noch die Stunde, und Freude und Liebe,
und nur dem Weisen
wurden beim Küssen
die Lippen kalt,
weil ihn der Gedanke beschlich, dass es das Nichtsein war,
das er küsste.
Da man die Erlebnisse so wenig aufbewahren kann
wie Regenwasser
und die Gefühle nirgends bleiben,
wäre es besser, man sagte nicht mehr:
»Ich hab sie geküsst«, »ich habe getrunken«,
»ich sagte ihr«.
Wo ist nur jener von Makedonien,
der »einstmals sprach«!

XIII

Wenn deine Kinder zwei Puppen besitzen
und eine beschädigt und verunstaltet ist,
die andere aber brandneu und hübsch,
und deine Kinder der hübschen Puppe
im Spiel den Namen eines reichen Onkels geben,
der aber deinem Dafürhalten nach ein hinterlistiger
und gemeiner Kerl ist,
der alten, verkrüppelten jedoch den deinen –
dann mach dir keine Illusionen,
wie man in der Familie,
unter Nachbarn und Verwandten,
unter Kollegen und Kameraden
deiner gedenkt.
Halt den Mund
und sag kein Wort,
nimm einen Stock
und treibe die Herde der Tage
zum Patron zurück.
»Er« – so nennen wir uns selbst,
wenn wir den Mut verlieren und uns streicheln möchten,
wenn wir von uns die Schnauze voll haben, ihn loswerden wollen,
von uns werfen, möglichst weit,
auf dass er nicht im Zuge dieser Tage
zu einem hässlichen Sterblichen werde,
sondern eher einem Mythos,
einem fernen Sternbild gleiche...
»Er« – so sagen wir von uns
und hoffen,
dass dies eine Mal der Traum die Oberhand behält.

Seine Familie hat ihn vermisst,
niemand wusste, wieso
und warum,
man vermutete eine Frau dahinter oder einfach Langeweile,
dann fanden sich Zeugen,
die gesehen hatten,
wie er, einem ausgezehrten Hunde ähnlich, der gestohlene Innereien
bis ans Dorfende verschleppt,
etwas Plärrendes und Rotes bei sich trug,
für das man keinen Namen hatte,
das jedoch so prächtig und so glänzend war,
dass man ganz verschiedene Dinge darin sehen konnte.
Nur einmal habe er sich umgedreht, als sie ihn riefen,
und man habe in seinem Gesicht,
im Licht, das von dem ominösen Etwas ausging,
den Schweiß der Freude und Erleichterung gesehen.

Wie oft empfindet sich der Mensch
ganz von sich selbst erfüllt,
wie ein Behälter, der langsam voll wird und dann überläuft,
auf einen Boden, der mit empfindlichem Samt belegt ist.
Und wenn auch dieser Mensch da wie erschossen liegt,
wie auf der Schaufel, doch mit frischen Bildern –
er weiß jetzt, dass die Erdkugel auch ohne ihn ganz ruhig kreist,
es ist für ihn die beste Zeit, es sind die kostbarsten Momente,
wenn er an den Tod denkt.

Wenn ich sterbe, o Frau
und o Mutter,
und mein Bett bleibt leer,
dann sagt, ja, er ist gestorben,
es gibt ihn nicht mehr und die Wasserscheide,
an der er jeden Sonnenaufgang stand,
weil er sich wünschte, dass zwei Flüsse einander nicht das Wasser stahlen,
in ihrer Feindschaft und in ihrer Gier.
Wiewohl er mager wurde um die Hüften,
weil wir ihn zu heftig stießen,
hat es ihn nicht gebrochen, so
wie viele andere,
zu einer jeden von uns
blieb er liebenswürdig,
und so starb er,
unermüdlich –
Wasserscheide.
Wenn ich sterbe, lasst zu meiner Trauerfeier
die Geigen kräftig jaulen,
das gehört sich so
bei einem Pechvogel wie mir.
Und zu dem Nächsten des Verblichenen setzt mit allen Rechten
die älteste Puppe aus unserer Familie,
so lange lebte sie unter den Menschen,
dass sie sogar ein Gedächtnis erwarb.
Möge sie dort sitzen mit den ausgestreckten Beinen
und auf eine einzige Stelle starren
so wie ich, am Ende meiner Sehkraft,
und möge euch ihre Anwesenheit
daran erinnern, wie gering mein Wert ist,
ich bin der Müll
und muss fortgeschafft werden, früher oder später.

Der Tod?
Schon damals, als er noch ein Kind war, kam ihm zu Zeiten
der Gedanke an ihn...
Man hatte ihn allein am Tisch platziert,
man war hinausgegangen, man verließ das Zimmer, so wie man eine Bühne räumt.
Er saß da, trank seinen Tee, naschte seine Lieblingskonfitüre (Kirsch),
genau damals war es...
Mag es angehen, dass der Gedanke an den Abschied von der Konfitüre
ihn bekümmerte?
Oder wollte es das Schicksal, dass sie ihn das süß-bittere Aroma lehrte,
seltsame Hochzeit feindlicher Begriffe.

XIV

Was war zu sehen mir gelungen, als ich noch am Leben war?
Ebenso viel, wie die Fontäne sieht,
wenn sie nach oben schießt mit ihrem Strahl.
Arschlöcher! Vollidioten!
Sie hatten mich herbeigerufen,
damit ich meine Mutter sah,
auf dem OP-Tisch des Chirurgen, aufgeschnitten, mit der offenen Wunde.
Wer sind sie?
Die Zeit hat ihre Gesichter geformt,
hat sie verfeinert,
wie es der Bergstrom mit den Ufern macht,
dem Heer der Steine, mit der Arrhythmie der Wellen.
Was kriegt die Zeit von unsern Seelen,
was bekommt der Wurm vom Stein?
Mein Kind, vergiss nicht,
wenn du die Habsucht eines Menschen
wahrnimmst,
dann musst du ihn für dich verloren geben,
denn er wird dich
als Zeugen hassen.
Und er tut recht daran,
weil Zeugen immer auf der Hut sein müssen.
Wenn es keine Sünde wäre,
dann wäre niemand in die Welt gekommen, sie zu richten,
und du und ich, mein Kind,
wir wären gar nicht hier.
Vieles, was du um dich siehst,
wird noch vor dir zugrunde gehen,
alles hat ein Ende.
Gib mir dafür ruhig die Verantwortung,
mir – doch meine Mutter, meine Mutter
wird ihre eigenen Eltern schuldig sprechen.
Nur so, mein Kind, können wir Adam und Eva treffen,
die wegen ihres hohen Alters
ihre Nacktheit nicht einmal bemerkten.
Noch viele wirst du sterben sehen, sie werden reihenweise gehen,
nach altem, vorbestimmten Ratschluss.
O reihe dich, ich bitte dich, nie bei denen ein,
die meine Feinde waren,
wenn dich auch jeder meiner Blicke dazu zwänge,
denn du, du musst den Welpen vorm Ertrinken retten,
dem es bestimmt ist, Schäferhund zu werden,
der deine goldenen Äpfel hüten soll.

Ich muss dir nach und nach erzählen, ohne Eile,
und dazwischen muss ich mich erholen,
so wie ein Bote Atem schöpft,
so wie ein Weib seufzt bei der Totenklage,
damit es mit erneuter Kraft
den Ton noch tiefer stimmen kann.
Ich muss langsam machen, nichts verwechseln,
den wahren Schmerz, wenn er sich
offenbart,
nicht übergehen,
wie man in alten Briefen etwas findet,
auf das man nicht gefasst war,
und sich denkt: »Na was, auch das ist dir passiert!«
Und man ist stolz auf die vergangenen Tage,
weil man immer noch dabei ist
und unversehrt den Pfad des Lebens stapft.

XV

Die Blätter folgen leicht dem Wind,
so wie das Erdreich eines frischen Grabes.
Er ist gestorben. Er ist umgekommen.
Das Rätsel hat sich für ihn schon gelöst,
das mit dem Tag seiner Geburt in diese Welt gekommen ist,
und deshalb ist er nun berechtigt,
erleichtert auszuatmen,
weil das, was ihn sein Lebtag störte und niemals zu erraten war,
mit einem Mal gelöst ist und entschieden.
Er ist gestorben. Er ist abgetreten.
Er kann sich auch im Grab nicht mehr erholen,
man hat ihn abgeladen, nicht aufrecht
ging er diesen Weg,
mit unantastbaren Gefühlen,
und nicht allein, dass er nicht aufrecht ging,
es hat das Glück, mit seinen roten Lippen,
ihn nie geküsst,
er war nur Bodensatz,
die andern aber – reiner Wein.
Doch war der Tag ihm treu und auch die Nacht,
sie tranken ihn der Reihe nach,
wie zwei Verliebte
einander trinken lassen und gegenseitig ihre Gläser leeren.
Er ist gestorben. Er ist abgenippelt.
Nicht aufrecht ging er, aber unantastbar,
wie eine Glocke, die man eingrub
und die niemals mehr erklingen kann.
Waren denn so viele Jahre,
war so viel Wahrheit, so viel Lüge nötig,
um ihn schon so früh zu holen?
Mir, seinem Freund,
könnte man es doch erzählen,
wenn sich die Gelegenheit ergibt.
Alle rufen immer: »Ich!«
Und wenn einmal ein junger Mensch
auf dem alten Friedhof in die Erde kommt,
vergisst man kurz die andern Toten.
Wozu denn ich,
was habe ich mit ihnen denn zu schaffen,
denen ich nicht helfen kann?
Für die mein Arm zu kurz
und meine Rede unverständlich ist.

»Nein, ihr könnt so viel Komfort nicht schaffen,
wie wir, die Toten, ihn im Grabe haben.«

Unbegreiflich ist der Mensch,
töten kann er, aber nicht begraben!

XVI

»Mutter«–das bezeichnet eine Form der Anrede,
nicht die Erscheinung einer alten Frau.
Diese Berge stehen dort vergebens, Mutter,
wir können sie mit unseren Händen nicht berühren,
dort wird von uns kein Tisch gedeckt
und niemand hört dort unsren Schatten knarren.
Vergebens stehen dort die Berge, Mutter,
dort sind die Glocken eingegraben,
Glockentürme, unberührbar.
Abscheulich sind mir diese Berge, Mutter,
in ihren Bäuchen schlummern die Titanen…
Vermutlich wird schon bald über uns das Erdreich fallen,
und wir werden ebenso beerdigt,
unberührt… niemand in uns
läutet Sturm,
niemand wird neues Leben wecken
aus unserem verwaisten Schoß…
Der Vollmond aber
blickt mich an wie die Flanke einer trächtigen Stute,
reif und abstoßend,
so, als sei damit zu rechnen, dass von dort
etwas Schleimiges und Ekles
jederzeit auf uns herunterbräche.
So sind wir beschaffen–stets zu zweit,
so war es immer und so wird es sein,
stets zu zweit
und jedesmal, wenn ein Betrunkener schreit,
müssen wir an unsre Kindheit denken.

Jetzt, wo das Leben um und um gelebt ist
und die Ereignisse aus der Vergangenheit bereit stehen,
um sie neu zu deuten und ein Muster zu erkennen,
will ich nichts an ihnen ändern, alles
hört auf seinen alten Namen,
ich will sie rufen, wie sie früher hießen,
und ich gehe mit erhobenem Schwert!

Das Kind?
Wer hat das Kind auf diesen Weg gebracht?
Hat es sich herumgesprochen, dass mich nach Rache dürstete
und ich versuchte, meine Wut zu dämpfen?
Das Kind!
Wie ist dem Menschen nur gelungen,
ein solches Bündel Schönheit in die Welt zu bringen?

XVII

Warum erwartet man von einem Toten,
dass er aufsteht und sich dann selbst zu Grabe legt?
Schlaf doch, auch der Schlaf gehört dem Tod,
nur in der Länge unterliegt er ihm...
Auch fordert er von einem Manne keine Kühnheit.

Von den alten Götzen
ist die Zeit
noch der edelste und der verlässlichste.
Sie raubt uns so viele böse Erinnerungen,
da böte sich wohl an, uns auch jenes noch zu nehmen,
das unserem Herzen teuer ist.
Und stünden wir nach einem solchen Raub
irgendwann im Minus da, wen kümmert es?
Seht doch, die Zeit – so fremd ist sie der menschlichen Natur,
sie kommt von anderswo und ist aus andrem Stoff – die Zeit,
sie lässt uns nichts, sie will nur nehmen.
Hat man sie denn unter uns erzogen?
Presste sie mit uns die Trauben in der Kelter?

Ich liebe die Zeit dafür, dass sie nur nimmt,
dass sie wie ein hilfsbereiter Mann
mit anpackt
und die Last erleichtert.
Du schaust ihr zu... dann läufst du weg,
damit du die Erleichterung, die deine Schulter fühlt, vollendest.
Womöglich wirkt das Alte vor dem Neuen bleich,
wir aber nennen das die Zeit?
Es lebe also der neue Konflikt,
der an die Stelle des alten tritt?
Haben wir's doch ihm zu danken, dass wir Vergangenes
vergessen können!

XVIII

Wie gerne schaute ich die breiten Schultern meines Onkels an!
Wie liebte ich es, wenn er mich in die starken Pranken nahm,
und wollte dankbar seine Hände küssen,
weil sie es unterließen, mich zu würgen.
Meine Mutter aber sagte mir, ich solle schlafen, einfach schlafen.
Und bis heute fällt mir ein,
wie ich mit meiner Mutter ging durch den gefrorenen fremden Hain,
ich lief ihr nach, obwohl es kalt war,
und ich hatte daran grenzenlose Freude, fällt mir wieder ein.
Genau so war die Luft gefroren,
als meine müde Mutter heimkam und so ganz erschöpft aussah.
»Schlafen!« hieß es jede Nacht, immer wurde mir der Schlaf befohlen.
Sie sangen mir ein Wiegenlied,
selbst noch, als ich ausgehen wollte.
Singt mir jetzt, wenn ihr so kühn seid,
wo in meinen aufgesperrten Rachen glatt ein Kronleuchter hineinpasst.
Ihr Skrupellosen!
Das wollte ich euch schon ein paarmal sagen,
als ich noch am Leben war
und euch in die Gesichter sah,
wie blass ihr wohl geworden wärt, bei diesen Worten.
»Ihr Skrupellosen!« – wenn ich jetzt plötzlich an mich hielte
und dieses Wort zurücknähme,
dann sagte ich zu euch: »Ihr Glücklichen!«
Ich kehre nie hierher zurück in menschlicher Gestalt,
die Natur ist ja nicht geizig,
sie findet schon für mich ein passendes Gesicht,
sie wird mich nicht noch einmal in derselben Rolle
auf die Bretter schicken, in welcher ich gescheitert bin.
Und was ist mit euch,
für wen legt ihr die Stirn in Falten, wen werdet ihr nun zornig rufen
und ihm mit einer Handbewegung eine Richtung weisen, in die er gar nicht will?
Vielleicht hat's jemand mal erwähnt,
dass dieser Mann eigentlich ganz anderes wollte.
Etwas anderes, das bunt bemalt ist,
schön geschmückt und voller Wohlklang,
was ihr ihm verheimlicht habt –
ihr hieltet es in euer Faust versteckt und habt es heimlich aufgefressen.

Wie schön, wenn so ein Mann sich plötzlich aufmacht
und lässt sie alle stehen, mit aufgesperrten Mündern, denen jetzt die Spucke wegbleibt,
wie einem Esel, dem man Stroh ins Maul stopft,
jetzt geht und schluckt es,
lasst eure weisen Gedanken wandern
von einem Mundwinkel zum andern,
ich aber bin jetzt unterwegs!

Um welche Wahrheit ist es euch gegangen,
worauf habt ihr gewartet,
was dachtet ihr denn, wie viel Zeit euch bleibt?
Behielt die Luft etwa die Spuren eurer Peitsche?

Ich bin nicht tot,
ich ahme doch nur einen Toten nach,
hab keine Angst.
Du hast den Petre doch gekannt,
lag er nicht genau so da, mit dem ausgerenkten Kiefer?
Andere sagten dann,
sie kämen, um ihm den Unterkiefer hochzubinden,
wenn er kalt genug geworden sei.
Auch hatte man ihm seine Knie beschwert mit Steinen,
damit er sie nicht anziehen konnte.
Aber der Garten der Mitternacht sprach:
»Nichtig ist alles, was hier gewesen,
was sich bei Tage ereignet hat!«

Ach, so viel schöner war's,
als ich im Uterus meiner Mutter saß,
wie eine alte Miniatur in goldenem Rahmen!

Was steht auf dem leeren Blatt Papier

Älter bin ich, aber dieser Gedanke zeichnet nichts an den Fleckchen des Himmels. Mein Traum liebkost die alten Zäune, weil er weiß, sie ritzen ihn nicht, die so oft auf ihren Spitzen den Schnee, die Sonne und den Regen trugen... Und such hier nicht nach deinen eigenen Spuren, denn wenn der Mann geht, geht auch sein Geruch. Die alten Orte aber pressen dir die letzte Träne ab,

Was steht auf dem leeren Blatt Papier

I

Gelegentlich
fragt sich der Mensch sogar in seinem eigenen Haus:
Wie bin nur hierher geraten, und was will ich hier?
Ist er ein Reisender von sehr weit her?

Vorbei die Kindheit, und nach langer Zeit, nach all den Jahren
liege ich hier wieder in der alten Wohnung
und schaue in den Himmel, dem
all die Jahre nichts anhaben können.
Aber das Leben ist nicht mehr wie sonst.
Die Bretter in dem alten Haus sind nicht mehr, wie sie früher waren,
obwohl sie schön gealtert sind,
weil sie untadelig der Pflicht gehorchten, die ihnen zukommt,
nach den Gesetzen der Natur.
Klaglos und im Einverständnis
nahmen sie den Schnee, die Sonne und den Regen sich zur Brust,
weshalb sie so natürlich in der Farbe
und herrlich zu betrachten sind.
Wenn du den Vergleich eingehst,
wenn du den Wind, den Regen und den Schnee
hinzu nimmst, denen du
ein Blatt von deiner Kindheit aufgeopfert hast,
dann überleg dir, warst du
genauso makellos hinsichtlich dieser drei?
Ungeduld und Wankelmut
sind typisch für dein Leben.
Älter bin ich,
aber dieser Gedanke zeichnet nichts an den Fleckchen des Himmels.
Mein Traum liebkost die alten Zäune,
weil er weiß, sie ritzen ihn nicht,
die so oft auf ihren Spitzen
den Schnee, die Sonne und den Regen trugen...
Und such hier nicht nach deinen eigenen Spuren,
denn wenn der Mann geht, geht auch sein Geruch.
Die alten Orte aber
pressen dir die letzte Träne ab,
die du dir aufgehoben hattest.

So ist das Leben eines Mannes.
Seine flache Innenhand
fühlt den Schnee, die Sonne und den Regen
zwischen diesen alten Brettern, und sie freut sich ...
Es ist, als hätten Sonne, Schnee und Regen
sich hier eingezeichnet, ehe sie vergingen.
Alle mit demselben Bleistift,
und keine Zeile davon ward gelöscht.

An die Vergangenheit zu denken, alle ihre Gunst ...

Warum suchen wir uns aufzurichten, wenn wir die alten Orte passieren?
Wir richten uns hoch auf, ja, wir erheben uns,
denn ganz egal, wo wir uns sonst blamieren,
hier doch, bitte sehr, auf keinen Fall!
Wie mag der arme Mensch sich eingebildet geben,
nicht vollständig umsonst zu leben,
was trägt ihm die Begeisterung
für alte Zäune ein?
O du alte Mutter,
hast uns dieses Netz gewoben,
o du alte Spinne,
saug uns ein, mach Schluss damit!

Es ist, als schriebest du das schon Geschriebene noch einmal neu,
als sei es deine wahre Gabe,
Worte nochmals zu beatmen,
die einstmals glänzend wie Nagelköpfe waren.

Was steht auf dem leeren Blatt Papier?
Nur Du alleine kannst das sagen,
was steht auf dem leeren Blatt Papier?
Der Schnee, die Sonne, der Regen, der Schnee, die Sonne, der Regen...
Ich klappere mit dem Stock an den Gattern
und habe noch keine Antwort erhalten.
So muss ich gehen
und kann nicht bleiben,
weil diese Orte,
Kindheit vorbei,
von mir nicht irgendwelche Gaben,
sondern eine Antwort erwarten.
Welche Antwort soll ich ihnen geben?
Sieh nur,
was sind die Ebenen, was sind die Berge schön!
Hier gingen mir die Sonnenstrahlen in der Kindheit auf,
die andernorts dann nicht mehr wiederkamen!
Welche Antwort soll ich ihnen geben?
Keinem hast Du sie gesagt,
auch denen nicht, die ehrlicher als ich die Kniee beugten,
niemals je, in keinem Säkulum.
Kannst Du für mich keine Ausnahme machen,
der ich so ungebildet und gewöhnlich bin,
so wie man den Bettler
dem Reichen vorzieht,
und mir bitte eine Antwort geben:
Wo kommen wir her, und wo gehen wir hin?

II

Wahrhaftig hab ich es verdient,
dass von mir gesagt wird:
‚Ach wie dumm er ist,
er muss doch wissen,
dass wir ihm keine Antwort geben,
aber immer steht er mit der Frage in der Tür.
Nicht jede Art Beharrlichkeit wird doch belohnt!
Wie oft muss er noch in die Fresse kriegen,
wie müssen wir ihm noch die Beine peitschen,
bis er endlich ablässt?
Weiß der Leibhaftige!'

Mein Leib ist vollgestopft mit diesen Fragen,
und hierher kam ich aus demselben Grund,
der mich verrückt hat werden lassen.
Los, sagt mir,
welcher Idiot kann sein Vaterhaus nicht finden,
wenn der den Weg dorthin doch einmal wusste?
Selbst wenn sein eigener Vater ihn nicht sehen wollte,
er käme trotzdem,
weil er weiß,
dass alles, was ihm fehlt,
sich unter diesem Dach befindet.
Selbst wenn die Hunde ihn zerfleischten,
er käme hundert, käme tausend Male
immer wieder,
und niemals wüchse
Gras auf seinem Pfad.

Sieh mich nur an,
bin ich jetzt so, wie Du mich haben wolltest,
als Du Dir die Eingeweide quetschtest, um mich zu erschaffen?

So denke ich, wenn das Gefühl mir sagt,
man kann mich nirgendwohin führen,
man kann mir nirgends Neues zeigen,
man wird mich wieder auf dem alten Weg,
einmal mehr in meinem Kopf begleiten.
Wenn ich meine Erinnerungen
so wie Flügel schlagen könnte,
fiele ich schwer wie ein Stein zu Boden.
Erlaubt die Kindheit einen Sprung zur Seite?
Meine Kindheit,
komm und drück
an deine Rippen
einmal wieder meine Seele,
die wässrig wurde
in dem alten Schlauch!
Was ist die Kindheit?
Nichts als das Dutzend der Erinnerungen?
Es ruft ja auch der Mörder
die Seele seines Opfers zurück –
ist sie der Duft, der immer von der Rose weicht?
Wir gaben unsere Kindheit hin als Lösegeld der Zeit,
auf dass sie uns befristet überlassen bliebe,
und nun sind wir hier, an diesem Ufer,
sie jedoch,
die arme Schöne,
ist auf der anderen Seite geblieben –
das ist noch schlimmer als der Tod.
Und dürfen wir denn überhaupt
an jemanden erinnern
und uns über jemand äußern, der gegangen ist?
Er ist doch tot. Damit wir weiter blieben,
nahm er sich zurück und schwand.
Narben an der Wange und ein Muttermal an einer Schulter,
sieht so die Kindheit aus?
Er ist schon seinen Weg gegangen,
spielte seine Rolle,
so wie die Blüten für die Frucht sich opfern und vergehen,
dass sich die Früchte wiegen können
in der schönen hellen Sonne...
Doch was sich da schobert unter dem Baum,
ist das nicht eine trächtige Sau?
Wie können wir dann ruhig bleiben?
Wir fraßen unsere Kindheit auf,
wir eilten uns, wir waren ungeduldig,
und hatten nichts als Spott für die, bei denen sie noch länger währte.

III

Und hier, der lange Unbesiegte, mein Gigant.

Morgen ist es,
und der Lindenbaum,
von dem der Tau in tausend Tropfen fädelt,
gleich tritt er aus der Dämmerung
und bricht zu meinem Fenster auf.
Dann schüttelt er den Tau heraus,
als wäre er ein Wassergott,
und dann
werden seine Äste
Silber vor die Sonne malen.
Und der Himmel über ihm wird sich nur noch stärker biegen
wie die Wölbung
einer Frauenbrust.

Er ist ein König in seinem Hof
und an seine Achselhöhlen lehnen sich die andern Bäume.
Stille breitet er um sich herum.
Was aber war in jener Nacht?

Wie kann ich den Lindenbaum
mit den Kinderaugen sehen,
als sie den vom Sturm geschlagenen
Giganten mit Erstaunen schauten,
der in seiner alten Würde sich nicht mehr beherrschen konnte,
und immer rasender,
gleichwie der Sturm,
wütete in ihm der Zorn.

Vorherbestimmt war ihm der Wind.

Er trieb die Wolken und er ließ es regnen,
und der Gebirgsfluss
schlängelte und schäumte.
Glücklich die Häuser, die am Berg gebaut sind!
Wehe dem angebundenen Zicklein im Hain,
um dessen Hals ein Seil ist, als ein Zeichen seiner Würde!
Wehe den Höfen am Ufer des Flusses!
Wehe der Habe der sparsamen Witwe!

Das Wasser war vorherbestimmt.
Vorherbestimmt bis an den Rand.
Und jener biss sich auf die Lippen, der geäußert hatte:
»Ich glaub, die Flüsse trocknen langsam aus.«
Vergebens starrte man
all die entwurzelten Bäume an,
und das Wasser trug die Toten
und die Trauernden hinweg.

Doch das Wetter ging auch wieder.
Ihm wurde langweilig, so ließ es ab von uns,
und der Fluss trat in sein Bett zurück.
Als alles sich beruhigt
und wieder Blässe angenommen hatte,
zeigte sich
der Himmel klar
und allenfalls mit einem Wolkenfetzchen,
das ein Kinderatem leicht vertrieben hätte.
Und am Ufer stocherten die Weiber in angespültem Zeug herum,
aber vorsichtig und zaghaft,
damit sie nicht an einen Toten rührten.
Am Himmel aber stand
ein Fragezeichen,
das allen unzweideutig sagte:
Flüsse zieht es hin zur See,
Menschen zieht es hin zum Tod.

IV

So viel schon geschlafen,
so oft schon erwacht...
und was ist es, das uns weckt?
Was für ein Schrei,
und welche Säule schoss so schnell empor,
dass sie unsern düsteren Verstand
auf ihr lichtes Kapitell entführte,
um dort im Ursprungslicht gesalbt zu werden?
Wie nennt sich das, was uns erwachen lässt,
das uns dazu bringt, uns zu erheben, und um die Zukunft
uns zu sorgen, bis
wir den letzten Fetzen Geist aushauchen,
bis wir die letzte Frage stellen
und in den letzten Schlaf eingehen,
bis uns der feurigste und längste Kuss
verbrennt,
so dass nicht wir es sind,
die diesen Kuss erstreben
und ihn uns selbst auf diese Lippen drücken,
es wird
nach mir mit seinen Lippen suchen,
es wird sich willig meinem Fleisch ergeben,
weil ich,
obschon ich bucklig bin,
noch immer Freude habe an der Liebe.
Und die Wärme, die im Frühling kommt, lässt mich erblühen
wie eine große,
große,
große
Rosenknospe...
Ich putze mich heraus,
ich tanze auch
wie alle anderen auf dieser Welt,
doch keine blickt erstarrt in meine Richtung,
keine Lippen suchen mich mit Gier
und keine fesselt mich
an ihren wahnsinnigen Busen –
sollen denn die Hunde kommen
und diesen Armen hier zerfleischen?

In der Erde sein ist nicht gerade schön,
auch schmeckt das Wasser nicht sehr gut in Krankenhäusern,
wo Tote reden, als lebten sie noch,
doch stößt es ihnen bitter auf,
dass sie nicht mehr viel zu sagen haben.
Man sollte denken, ich sah längst genug,
doch halte ich den Mund noch immer offen
und meine Augen hat man mir geschlossen.
Für welchen Honig
und für welchen Himmel?
Meine Fragen kennen nie ein Ende,
aber Du,
der Du über meinem Haupte aufgehst
und um dessentwillen
alle Dinge sind,
Du,
der Du die Knospen an den Bäumen
knotest
und die Mädchenbrüste
wachsen lässt,
Du musst mir Antwort geben:
Wie siehst Du Deine Schöpfung an,
wenn sie so unglücklich und elend ist?
Wie schaut der Lahme auf den Dorfweg
durch die Latten seines Hoftors?
Warum zogst Du ihm dort die Grenze?
Wo wächst das Gras, das Du vor seinen Tritten schützt,
wo liegt der Staub, den Du vor seinem Gang bewahrst?
Wie schaust Du diesen Unglücksraben an,
und wie
erquickst Du die geschundenen Knie
der Mutter,
die hinter dem Sarg ihres Kindes geht?

Wie wir sterben,
o Du mein Gott, wie wir sterben,
so ganz leicht, es kotzt mich an.
Besser hat es noch
der vermodernde Igel
im Bach, am Straßenrand.
Wir sind jedoch kein Baum,
kein Stein, kein Gegenstand,
und wüssten wir schon um die Spur,
die wir am Rand der Dinge hinterlassen,
dann hassten wir sie nur noch mehr.
Wo sind unsere Haare hin,
wo unsere Zähne,
wo unser Frühling
und wo unser Winter!
O je, ihr Sachen, haltbarer als wir!
Ihr Eigenschaften!
Was stoßen wir denn nicht viel früher ab,
was zu verlieren später so viel Schmerzen macht?
Wer hat das Recht dazu erteilt,
dass uns die Blätter nach und nach verloren gehen
und wir schon vor der strengsten,
vor der Winterzeit,
ganz nackt dastehen?
Befreien wir uns doch von allem,
was die Natur uns je gegeben hat,
wir wissen ja nicht einmal sicher,
kam es von Herzen oder nur zum Spott.
Der Mutterleib
war unser Fegefeuer,
wir trieben selig, wie auf blauem Meer,
gewickelt
in ein Netz aus Wasserpflanzen.

Hätte ich mich so gesehen, als ich noch ein Kind war,
dann hätte ich den Kopf geschüttelt
und wäre gleich davongelaufen:
Das war's doch nicht, wovon ich träumte!
Wo ist das Schwert,
das ich dir gab?

Manche aber denken, dass sie
einmal vor den Herrgott treten.
Mit euch macht man kurzen Prozess!
Doch ginge Mutters Pforte wieder auf,
würde man hier noch irgendwen erblicken?

Wir rissen bloß die Münder auf,
doch kann kein Regenwasser diese Löcher füllen,
auch ein Stern passt nicht hinein,
und immer, wenn wir eine Frage stellten,
bekamen wir ein paar aufs Maul.
Haben wir etwas getan?
Sieh nur
den Sänger hier, wie er den Hals reckt
und wie eine Kerze aufflammt,
die wir nach unserem Bilde schufen.
Wie klar und deutlich
schrieb er seine Worte,
die er nun sorgsam wieder löschen muss.
Sieht das Orchester, wie es dasteht,
nicht wie ein Wäldchen aus?
Wie gelingt es ihm, sich nicht der Leidenschaft zu opfern?
Oder sieh,
wie leicht der Chor von einer Melodie
in eine andere übergehen kann,
wie dann
erschafft er in sich
eine neue Liebe?
Und alle unsere Städte,
unser Herzblut, unser Dasein –
ist das Flehen, und ich bitte unter Tränen,
ich lange mit der Tierhand an Dein heiliges Gewand –
lass kein Kind zum Waisen werden, und nimm niemandem sein Kind!
Und wenn Du uns schon sterben lässt,
bitte gib uns Flügel,
dass wir fliegen können.

Selene,
das Leben eines Mannes läuft darauf hinaus,
dass er zugegen ist bei deinem Aufgang.
Stirbt ein Mann, dann stirbt mit ihm ein Universum,
die Umgebung, Berge, Hügel, alles schließt mit ihm die Augen.
Wer ist es, der zum Lebensbund
den Tod sich wählt,
der baut mit einer Hand
und mit der anderen zerstört?
O Himmel, Himmel, welcher mit mir stirbt,
und Welt, die du mit mir beerdigt wirst,
ihr existiert dank meiner Augen,
ihr seid, was meine Augen sehen!

Die Maskerade... Maskenball... die Bahnstationen...
Gehört die ganze Pracht denn wirklich nur dem Tod,
hat er sie nur für kurze Zeit entlassen?
Viele Dinge stumpften unsern Blick,
viele Dinge leerten unsere Herzen...
Sieh nur,
wie sie singen,
wie streben sie empor zur Himmelsbläue,
doch in ihrem Rücken
steht schon die Gefahr.
O Gott, o Gott, befreie
sie vom Tod,
wenn all die Vielen uns verlassen,
dann können wir es nicht mehr schaffen,
in unserem Herzen still zu sagen: »Ruhe in Frieden.«
Wie sind zugleich in Dir
Sadismus und Vernunft!

Warum flieht uns alles
wie der Fluss,
nah wie er ist, dass wir
schon denken mochten, er gehöre uns,
nur weil wir lange seinen Wunsch
mit uns getragen haben.
Müssen wir den Wünschen unsere Hände reichen?
Was wir jetzt wünschen, kann es Gutes bringen,
oder sollten wir noch mit dem Wünschen warten?
Und wenn wir warten, gehen wir dann bald
über purpurrote Meeresstufen?
Liege ich mit meinen Wünschen richtig?
Komm näher, Weib,
denn Paare sind wir alle,
es gibt doch in der Welt kein Paar,
das von Natur aus vorgesehen war.

Der arme Kerl, versucht er wieder,
seinen Samen in ein tiefes Beet zu lassen!

O Mensch,
auf dich vertrau ich noch,
ich warte ja noch immer, dass du etwas unternehmen wirst,
seh ich die Kerze doch
auf deiner Stirne brennen,
zwischen deinen Augen,
folge ihrem Licht,
arbeite und heb die Augen nicht,
wenn du den Kopf hebst, was wirst du erkennen?

Wer dachte nie,
den Kopf gelehnt an eine Frauenbrust,
über seine Sünden nach?
Doch warum kehren wir dann nur
wieder zurück auf einer alten Spur?
Wer ruft uns denn?
Warum verwandeln wir das Obdach in ein Loch,
warum versuchen wir,
uns zu verstecken?
Warum verglühen wir
an den Trümmern unserer Leidenschaften,
warum machen wir uns klein?
Nach welchem neuen Bauchnabel,
nach welcher neuen Bindung suchen wir?
Kann uns die Einsamkeit denn nicht genug sein?
He-hei, du Armer,
ging es denn so nicht auch der Mutter Erde,
als sie getrennt von ihrer Mutter war?
Und auch dieses Ehepaar,
das irgendwo in diesen Bergen wohnt,
ist es nicht so, dass sie den Nabel brauchen,
wenn sie wieder ineinander tauchen?
Sicher finden sie ihn bald!
Wer saß denn nie
bei den Trümmern seiner Leidenschaften,
klein und bloßgestellt!
Welche Sünde liegt in unserer Leidenschaft,
in die wir uns so schwer nur finden können?
Wir wurden doch mit ihr geboren?
Was haben wir nur angestellt,
warum gehen unsere Augen
denn nicht weiter auf,
dass wir den Sinn begreifen können?
Wie kann sich das erloschene Greisenherz
an die Erinnerung gewöhnen,
die voller Leidenschaft der Jugend ist?
Und wenn es sich daran erinnert—wie gewöhnt es sich an den Verrat?

V

Bist du von all dem Menschlichen noch nicht ermüdet?
Komm, wir stellen unsere Taschen ab
und nehmen Platz.
Mutter, deine grauen Haare sind mir heilig
wie die weiße Kuppel eines Gotteshauses,
wenn wir sie erblicken, dann verblassen unsere Leidenschaften
und wir schauen nach der Ferne aus.
Wehe, hättest du meinen Mann gekannt,
könntest du dann auch für mich so sanfte Worte finden?
Wir haben ihn geopfert, ich und meine Tochter.
Weil er uns hinderte,
er störte uns, so wurden wir ihn los.
Ein Dritter nahm das Beil
und schlug ihn in den Nacken, bis zur Schulter schlug er ihn glatt durch.

Kalt war's draußen und wir beide, Mutter und Kind, saßen am Herd
und kochten Kopf und Füße.
Er aber, so,
als sei er jäh erleuchtet,
kehrte zurück zu uns
mit einem Lächeln im Gesicht,
als wollte er uns um einen Gefallen bitten.
Was wollte diese arme Sau,
worum wollte er uns bitten?

Wir drei begruben ihn im Hof,
und um alle Welt zu täuschen,
legten wir eine Garbe Stroh auf sein Grab.
Eine Mondnacht ist's gewesen –
unter dem Mondlicht setzten wir ihn bei.

Unsere Sünde aber band uns nur noch mehr...

Morgen wird kein Tag,
morgen muss niemand auf Sonnenstrahlen warten,
weil in jener Nacht das Grausamste geschah,
das je die Welt gesehen hat.

Aber aus reinem Mutwillen
ging die Sonne wieder auf,
fett war sie und wohlgemästet,
als hätten wir ihr ein Opfertier geschlachtet
und sie sein ganzes Blut gesaugt.
Glänzend ist sie aufgegangen als Bekräftigung des Lebens,
makellos glitzerte sie durch die Strohhalme.

Bist du von all dem Menschlichen noch nicht ermüdet,
von der Weite der Unendlichkeit?
Unglücklich sind wir, nicht wahr,
angesichts dessen, was die Erde bietet,
wendet sich der Himmel davon nicht mit Grausen ab?
Wir sind an unser eigenes Kreuz geschlagen,
merkst du es denn nicht?
Als Gäste wohnen wir unserem Ableben bei.
Wie oft muss man neu beginnen,
wie oft muss denn ein Mann
mit dem Fuß die Erde treten,
dass sie vor ihm sich auftut und ihm etwas offenbart,
irgendeine Hoffnung
oder Antwort.
Warum erhellt sich unser ganzes Leben
erst im Augenblick des Unglücks?
Warum führt uns die Freude
an den Ort, von dem wir kamen—
Schmerz?
Wie oft muss eine Hand sich fallen lassen,
als sei sie von uns unabhängig,
als führte sie eigene Gedanken aus.
Dieselbe Hand,
die für uns sorgte,
die so manches Mal unter dem Schädel einer Frau gelegen war
und sich sogar an ihren Busen schlich.
Warum hasst das Leben es denn so,
wenn man sich krampfhaft an ihm festhält,
und umso mehr mit seinem letzten Zahn!

Oder warum muss jemand seine eigenen Beine mahnen,
nicht zu wanken,
wenn sie auf seiner eigenen Scholle stehen!
O Mutter Erde,
du bist der Wille,
den ich nie befleckte mit Erfüllung,
du bist die Lanze,
die meine Brust durchbohren wird!
Und dennoch muss man sich gefügig machen,
wie es der Augenblick befiehlt,
man muss den Dingen Muße schenken,
damit man sich in sie verliebt.
Und wiederum, wie viele Dinge
muss man rufen und verlassen,
weil man sonst nicht bei sich bleibt!
Wir
leben so,
als wären wir es nicht.
War je die Zeit einmal auf unserer Seite?
Haben wir nur irgendwann einmal
eine Zelle unserer Haut betrachtet,
wie sie wie ein Feuer glühte, ohne zu verlöschen?
Niemals ist es ihr gelungen,
unsern Blick auf sich zu ziehen,
denn wir
sind von uns selbst getrieben,
unsere Frist ist eingegrenzt,
Störenfriede sind wir,
Ungeliebte, die vor lauter Fragen
mit aufgesperrtem Mund dastehen – wie Amphoren.
Entrissen
hat man uns einander, mit Gewalt,
so sind wir, wie wir sind,
und so endet unser Leben bald
wie eine Flasche, an den Mund gesetzt, doch nicht zur Gänze voll,
aus der man gierig trinken möchte,
doch statt des Wassers nur die Luft ansaugt.
Auf Morast gebaut ist unser Denken, nicht auf einen Felsen!

Wer
kann sich abends zur Ruhe legen
ohne den Staub des Tages?
Wem ist nicht die Angst geläufig,
wer hat nie den Schreck erlebt,
wenn eine Todesnachricht ihn erreicht?
Wem gibt der Ärmste die Schuld an dem Leid?
Nur seiner eigenen Hinfälligkeit?
Soll er nicht jener, die ihn einst getragen,
besser die Fensterscheiben einschlagen?
Ähneln wir uns nicht denen an,
die wir betrachten,
oder auf die die anderen achten?
Der Tod alleine ist der Pfeiler,
an dem man sich noch halten kann!

In unserm Herzen ist die Angst das Erz.

VI

Ich setzte mich mit Tränen nieder
an den Rand des Wassers,
betrachtete
meine Kniee wieder
und wandte mich nach meiner eigenen Spur
und sprach:
Geh weg von mir!
Meine Tränen
meinen einen Fluss,
in welchem deine Spur verschwinden muss.
Und ich erzitterte im Vorgefühl,
wie man auf meine Schultern
Hände legen will,
und wie an meinem müden Rücken
zart ein Busen ruht,
und mir war so,
als käme dies von Gott,
weil dieser Wanderer,
der mir ähnlich sieht,
solche Freude
doch gar nicht verdient.
Du musst erblinden, sagte ich zu mir,
weil ich meinen Augen nicht mehr traute
und doch nicht glauben konnte,
dass es Täuschung war.
Und ich erhob mich mit geschlossenen Augen
und sprach den Gast mit schwanker Stimme an:
Bitte grabe mir den Fluss.
Er
wischte mir die Tränen ab,
die er aus dem Fluss geschöpft,
und sagte leise:
Mein Kind, nun tue deine Augen auf,
deine Mutter ist gekommen.

Und ich wieherte vor Lachen – nicht nach draußen,
in die Welt,
um die Sterne nicht zu stören
und nicht den Himmel ärgerlich zu machen,
in meine Seele,
meinen Leib,
in mein eigenes Universum schüttete ich mich vor Lachen ...

Wo seid ihr, geflochtene Sterne,
wo ist mein Zwillingsstern?
Von einem Schwarzen wurde er geholt,
hinab die Stiege in das schwarze Erdreich.

Meine Seele
ist ein Ort der Kränkung,
Stelle der erfüllten Rachsucht,
tote Mäuse wirft man hier hinein.
Feld,
wo jeder für sich graben,
seine Toten bringen kann.

Und dann sah ich meine Seele
als eine Weide, der die Herde fehlt,
nächtlich zwischen zwei Ebenen liegen,
und der Wind
weht ihre letzten Wünsche fort.
»Mein Patron
ist in die Stadt gegangen,
reich kehrt er
davon zurück.
Einen Zaun wird er mir bauen,
der mich umhegt nach allen Winden,
er wird die Erde mit den Füßen stampfen
und dem Nachbarn folgt er mit dem Blick.«

Und Gott sprach:
Es möge jemand weinen,
auf dass seine Tränen
dieses Land beschützen.
Einen hat er auserwählt
und gebot dem Jüngling,
der die Roggenfarbe trug:
Nicht zum Sehen taugen deine Augen,
denn sie sind zum Weinen da!
Alles weint
mit deinen Augen,
Leiter sind sie für Sekrete,
Wasserscheide
deine Nase,
Tränenpfade
deine Wangen,
Schaukeln
deine Atemwellen,
Tränendelta
ist dein Hals,
deine Brust
der Ort, wo die Tränenflut versickert.

Wer schläft,
den Mund voll kalten Wassers,
wer bewacht die Erde,
auf den Stab gestützt?
Unsere Tränen,
diese Edlen!
Welche Fülle birgt der Mensch!
Nimm nur einmal diesen Baum,
wie er so alleine steht,
sieh den Hund,
wie er versucht, die Landstraße zu überqueren,
achtsam hält er
seinen Kopf geneigt.
Ich liebkose diesen Baum
und streichle ihn,
ich begleite auch
den Hund mit meinen Blicken,
wer aber möchte den Menschen liebkosen!
Solcher Dinge gibt es viele in der Welt,
dass man die Hoffnung aufgeben möchte.

Wurde uns denn nicht gesagt,
»ihr möget lachen?«
Wohlan, wir lachten uns kaputt.
Dann aber wurde uns gesagt,
»ihr möget weinen« –
und so fingen wir zu heulen
und zu schniefen an.
Aber dann, wie hieß es dann?
»Schaut nur einmal, wie ihr ausseht!«
Ihr Gleichgültigen,
wie ich euch hasse.
Ein Wanderer ist der Mensch
und sucht sich immer
zu erinnern, woher er kommt.
Wundert sich keiner,
wie weit schon sein Weg ist?
Da er noch seufzte, sah er die Sonne,
und alles, was er sah,
schrieb er sich ab.
Verlangt nicht mehr von ihm,
als er vermag,
und fesselt ihn
nicht an sich selbst.
Saht ihr ihn
nicht auf dem Hocker sitzen,
am Kamin,
und die prasselnde
Glut betrachten?
Woran mag er denken?
Kaum an sich selbst,
und leidet nicht an seiner kurzen Lebensspanne!
Macht der Schauder, macht der Glitzer
denn nicht erst sein Auge stark?
Für einen Augenaufschlag halten wir ihn an
und wir erkennen ihn,
doch bis dahin
sind wir nichts als Kinder,
die aufgeregt nach einem Vogel jagen.
Wird unser Denken
zur Erleuchtung führen?

Der Spaten senkt sich in die Erde,
ein Frauenleib wird sich nach unten biegen,
der Federhalter
taucht in Tinte,
nur der Gedanke finden keinen Eingang
in den dichten Raum...
Vorwärts wir und rückwärts er,
vorausgesetzt,
es gibt kein Vorwärts und kein Rückwärts mehr.
Und dass wir nicht verrückt darüber werden
und uns nicht vom Felsen stürzen,
ist unser Leben uns gegeben,
uns selber haben wir
wie wir die Kälte haben,
uns warm zu machen
und uns zu erfreuen,
den Hunger,
uns zu sättigen
und Dank zu sagen,
die Sterne haben wir
zum Staunen
und zum Schauen,
die Frau dazu,
den Mann zu zeugen,
wie ein Blasebalg
facht sie ihn an
und schürt das Feuer
und die Frau
erzeugt der Mann.
Entsinnt ihr euch des kleinen Kindes,
dem war, es trüge eine Last,
weil man ihm erlaubte, dass es an sie fasst,
und so das Wasser von der Quelle bis nach Hause schafft?
Vielleicht von dieser Art ist unser Wähnen,
dass wir die Wahrheit auf uns nehmen,
weil wir an ihrer Schulter lehnen.

VII

Fing ich nicht an, Gedichte zu schreiben,
um das Land zu retten?
Jetzt aber bin ich in Schwierigkeiten.
Komm näher, Frau,
und schau,
wie die große Träne
in meinem Lied
die kleinen an sich zieht.
Ich aber
zeige dir all meine Masken.
Komm näher, setz dich zu mir und vertraue mir,
ich teile jetzt für dich
die Worte aus, wie Hände zweier grimmiger Rivalen.
Sollte dich Langeweile überkommen, dann gib mir ein Zeichen,
indem du abwinkst wie ein alter Geiger!
Das Lächeln hier
in meinem Gesicht
ist ein letztes Zeichen, dass ich noch am Leben bin.
Eine zärtliche Umarmung krieg ich nicht mehr hin,
auch wird niemand mehr wegen mir toll.
Und die Gabe der Nächstenliebe,
ich erwartete sie wohl,
aber erhalten habe ich sie nicht.
Nur ein Lächeln ist mein letzter Rausch,
die weiße Fahne
für den Waffentausch
und für Freunde, wenn ich sie treffe...
bis man mir auch dieses fortreißt.
Komm her zu mir, Frau,
du meine ewige Gefährtin,
und vergiss niemals,
so oft mein Mund zu dir das Böse sagt,
so oft entschuldigt sich mein Herz bei dir.
Komm,
wir lassen uns am Ufer nieder
und weben das Netz der Tränen wieder.

VIII

Das Leben einer Frau liegt unter ihrem Kissen.
Preziosen, die zu sehen
selbst dem Mond noch nicht gelang,
hier sind sie verborgen,
hier entspringen die Quellen der Tränen,
hier rinnen sie zusammen.
Gewisse Zettelchen,
die zu zerfetzen
keine Zeit war,
sind auch dabei.
Wir aber können unsere Hand
nicht unter dieses Kissen gleiten lassen,
ihr meint doch nicht,
es wäre so, wie in seichtem Wasser einen Fisch zu fassen –
zieht ihr ihn unter dem Stein hervor,
erzittert er in eurer Hand
und ihr steht mit Siegermiene am Strand.
Dort aber stehe ich!
Ist der für mich, Schatz?
Alles ist für mich... nicht wahr?
Nein, hier wäre es nur peinlich,
hier baden doch die Jungs
und glotzen.
Dann... nein...
Dann... ich...

»Waschen muss ich mich!«
O, wer spräche dieses Wort
so glaubhaft
und so herrlich,
Frau, wie du!
Was streichst du so herum um meine Lippen,
als wären sie ein Feuer,
willst du dich etwa hineinstürzen?
Mein Tierkreis
liegt auf der heiligsten Stelle der Frau,
Gott, steh mir bei,
kürze mir nicht
die süße Frist,
nimm nichts hinweg davon,
wie du die sanften Wellen
und die Schlammflut
über Fischen, Fröschen und Getier
fließen lässt und schnellen.
Mein Leben schießt
entlang den Böschungen der Frau,
ich selber aber bin so schmutzig!

Die Frau,
die mir zu Willen war
und wie ein Kirchendach herunterbrannte,
stand nun vor mir.
»Ich bin es«, sprach sie,
als ob ihr die Bekräftigung
nicht nur von Gott empfohlen worden wäre,
vielmehr,
als wäre diese hübsche kluge Frau
gar nicht alleine hier,
sondern von ihren besten Freundinnen begleitet.
Eine von ihnen,
Frau aus gutem Hause,
hat sie sogar noch angestupst
und gab ihr einen Stoß in meine Richtung,
die andere,
vierzigjährige Jungfer,
ließ den Kopf hängen,
was ihre Zustimmung zum Ausdruck brachte.

Eine verehelichte Frau
will nur vom Geist noch überschattet werden,
ich bat sie flehentlich, wie ich nur konnte,
um das,
wonach man heulen muss ...
Ich ging den Tränenfluss entlang
über ihre grüne Wiese,
vor lauter Staunen
stand ihr die Seele ins Gesicht geschrieben!
Auweh! Wenn einer Frau ein schwerer Stein am Herzen liegt,
er braucht gar nicht zertrümmert werden,
er muss nur eingeschmolzen werden,
wie Steinsalz,
an dem der rechte Bulle leckt!
Wenn sie den Kopf zur Seite neigt,
das Haar zurückstreicht,
ihren Hals, ihr Ohrläppchen entblößt ...
wenn ihr das Kleid über dem Knie sich löst –
dann macht es Halt
am Rande einer Schlucht,
der gar nichts gleicht!

Wie beneidenswert ihr Toten seid,
weil ihr die Wünsche nicht mehr kennt!

Schon von sich selbst
wird eine Frau erschauern,
wie aber dringt die Liebe erst
in diese kleinen Mädchen ein!
Ich schlug sie, ich beschimpfte sie,
zum ersten Male wollte sie alleine schlafen,
ihr Protest war lautlos
wie der einer Puppe,
ich schleuderte so manches Wort nach ihr,
denn schließlich musste ich mich wehren.
Ich ließ sie heim in den Mutterleib kehren,
ihr Leben war durch nichts rechtfertigt.
Und als ich später
in der Dunkelheit
ihr Weinen hörte,
wurde mir erst klar, dass sie ein schwaches Mädchen war,
ich aber – wer bin denn ich?

Etwas Heiliges streifte mich.

Zwischen den Brüsten
ist Raum für eine Schlange,
genau eine, die dort liegen kann.
Mein Gruß hinauf zu den Balkonen,
allen Mädchen, die dort sind!
Es lohnt sich, ihnen beizuwohnen,
wie sie von dem Fenstersims,
vom Balkon herunterschauen.
Ach, zwingen wir sie, mitzumachen!
Doch wie kann ich sie begeistern,
da ich weiß,
ihre Schönheit fordert so viel Fleiß!
Welche Fetzchen,
welche Nähte!
Das Fenster eures Lachens habe ich zerbrochen!
Weißt du noch,
wie du betrunken warst und fertig,
rotzend deinen Weg gesucht hast?
Wer war bei dir
außer Wind und Laub!
Nur unterhalb der Gürtellinie hast du sie betrachtet,
als sei darüber alles Mottenfraß.
Sahst nur den Unterleib
der Frauen,
als wolltest du
nur danach schauen,
welcher dieser wandelnden Leiber
einer Heiligen gehörte...man stieg ein und man stieg aus,
so als ob man sagte,
dir...und diesem...
dir...und jenem...
Wie ein leichtlebiger Hund
jeder Hündin blindlings
in die fremde Gegend folgte,
was die Schäferhunde
mit ihm machten,
ist nicht schwierig zu zu erraten.

Wenn ihr einmal in der Hölle seid,
sagt mir bitte kurz Bescheid.

IX

Sahst du im März die Bäume stehen, in Erwartung,
dass der Ruf erfolgt, auf den die grünen Knospen springen?
Bis es aber dahin kommt, wird ein Vogel über kahle Zweige fliegen.
Frühling, bitte warte meiner,
schlag noch dein grünes Zelt nicht auf,
denn ich stecke noch im Winter,
eingebunden in sein weißes Garn.
Warte meiner, dringe nicht
allzu tief in meine Seele,
wart auf mich,
springe mir nicht in die Augen,
dein Reiz nimmt sonst leicht überhand,
wie wenn tausend Vögel flattern,
wie wenn tausend Blüten sprießen,
und ich will mich gar nicht wundern, Tag, ich bin bei dir!
Ja, ich bin hier,
mein Freund hingegen
hängt am Himmel
mit den Zöpfen seiner Frau.

He, wer bist du,
was versteckst du dich vor mir?
Hat deine Frau dich je geliebt?
Warf sie dir einmal Blumen
von den Rängen?
Kamst wohl nicht sogleich
mit ihr zusammen?
Ihr wart wohl nicht von jeher vorgesehen?
Wo bist du gewesen,
als sie
die Wiesenblumen aufgelesen
für einen jungen Mann in ihrem Traum?
Dort
hättest besser du gestanden,
armer Wicht,
als sie ihr Dasein angefangen,
in diesen heiligen Gewässern solltest du gewatet haben!

Anderswo ist meine Geliebte,
Wind der Fremde streicht durch ihr Haar
und sie wandelt eine fremde Straße,
liegt in einem fremden Bett sogar.

Wer wartet auf mich am Wegekreuz?
Wer hält den Atem an,
wem
bleibt ein Bissen im Halse stecken –
»wenn er doch käme!«
Oder wer wälzt sich in feuchten Kissen,
»wollt er mich küssen!«

Für einander sich aufzusparen
kam uns nicht zu,
wir waren leichte Straßenblumen,
ich und du.
Nie beugte ich mit Früchten
deinen Schoß,
nie ließest du die Lippe
über meiner los.
Für einander sich aufzusparen
kam uns nicht zu!
Fielen wir übereinander her
und rieben die schrumpligen Hälse am andern,
das brächte es für uns beide nicht mehr.
Der Sommer ist endgültig abgefahren.
Für einander sich aufzusparen
kam uns nicht zu!
Sei verflucht,
wer uns anzufassen
als erster versucht!
Wer als erster dachte dabei,
wie schön es doch sei.

Nie lebten wir unter einem Dach,
nie teilten wir dasselbe Gemach,
wie Schmetterlinge, die in Flammen stehen,
wollen wir Flügel beweinen gehen.
Für einander sich aufzusparen
kam uns nicht zu!

Nageln wir uns aneinander,
schlagen wir uns an des anderen Kreuz,
rächen wir uns
an der Zukunft und an der Vergangenheit.
Und an Jenem, der uns nicht zusammen dachte,
und uns so zum Opfer brachte!
Hoi, versteck mich,
bitte, bitte,
birg mich bitte irgendwo,
birg mich in der Zeitenhöhle,
in der Erde sowieso,
wohin niemand einem Mann mehr folgt.
Birg mich
auch in deinem Leib,
wenn sonst
kein Versteck mehr bleibt!
Siehst du mich?
Siehst du nicht,
ich stoße dich,
wie ich deinen Busen grapsche,
wie ich knutsche, dich betatsche,
heia, öffne dich,
tu dich auf und lass mich in dich sinken,
lasse mich dir ähnlich werden,
dann, ja dann...
schließe dich
und mach dich zu,
lass dich siegeln,
deck mich ab,
mich, der ich keine Antwort hab!

Sprich mir vor, Angelina!

weil ich mich rumtrieb
hinter den Kulissen,
während das Publikum im Saal stillsaß:
ich war dabei, war das geschminkte Kind,
das seinen Kopf in seine Hände stützte,
dich erbleichen sah, du aber schicktest
wohlgesetzte Worte an gewisse Adressaten, und
gleich, welche Rolle meine war, ging dein Diktat
an mir vorüber. Deshalb schuldest du mir was,

Sprich mir vor, Angelina!

Das erste Kapitel

I

Wie oft stand ich
in Tianeti,
angelehnt an meines Hauses Säule,
wie oft sah ich
den fernen Himmelsbahnen
und dem Mond nach, wie er einsam ging...
manchmal wollte ich ihm meine Freude sagen,
manchesmal, wenn ich gekränkt war, bat ich um Genugtuung,
und manchmal weilte ich schon bei ihm in Gedanken...
Seither wurde vieles anders
mit dem Lauf der Zeit,
anders bin auch ich geworden,
doch diese alte Pose bleibt.

Sogleich,
als meine Schulter nur die Säule spürte
und als mein müder Blick still nach dem Monde glitt,
da fühlte ich
den Atem einer nah gerückten Welt,
die unerwartet
mich auf ihre Bühne rief,
ich nahm es als ein Zeichen, und ich stellte mich.

Was unterm Mond liegt,
ist doch alles Bühne:
die Wiese vor dem Haus,
der Dorfklub,
der Balkon, von dem man schaut...
Was unterm Mond liegt,
ist doch alles Bühne,
und wie kann eine Verliebte
glücklicher als eine andere sein!
Reißt sich ein Bauernmädchen das zerfetzte Kleid
in heißem Liebeszorn vom Leib
und schleudert es zu Boden,
und lässt die Königin
die Hüllen fallen
die goldbesetzten, Perlen und Korallen —
sind beide gleich,
weil's unterm Mond geschieht,
und wie kann eine Verliebte
glücklicher als eine andere sein!
Wie kann
ein Räuber, fürs Schafott bestimmt,
unglücklicher als ein Triumphator sein,
mit dem's dasselbe üble Ende nimmt?
Ihrer beider Köpfe werden rollen,
weil sie hinunter auf die Erde sollen —
denn... was unterm Mond liegt,
ist doch alles Bühne.

II

Nicht mehr dieselbe Bühne,
nicht dieselbe Mauer,
die hundertjährige
aus Kalk und Stein,
an die das einundselbe Bild gemalt war,
das immer passte,
gleich für welches Stück:
mit fernen Bergen, einem Wald, dem Mond
und einem Schloss, das auf dem Gipfel stand,
mit einem heimtückischen Pfad und einem Reiter,
dessen trübes Schicksal
das Publikum zu Tränen rührte,
selbst dann, wenn eine Gastspieltruppe
nur ein flaues Lustspiel
auf die Bühne brachte.
Komödien kamen bei uns nicht gut an,
es musste einfach »herzzerreißend« sein.

Es gibt nicht mehr dieselbe Bühne, nicht dieselbe Mauer,
nicht mehr dasselbe Publikum,
das sich nur schwer und langsam aus den Sesseln hob...
Es gibt auch dich nicht mehr, o Angelina,
vermutlich haben dich die Würmer schon,
du warst zu wunderschön,
um alt zu werden.
Nicht mal den Souffleurkasten gibt es noch,
der deine Schönheit widerspiegelte,
die dann Richtung Bühne schwappte wie ein kochend heißer Schwall.
Angelina!
Ich gedenke deiner
wie eines lang verlorenen Alphabets,
ich – ein Überlebender, Zeuge deiner Schönheit.
Die Zeit, sie hat das Gras zertreten,
doch ich, ein Stengel, bin stehen geblieben,
weil ich
mich rumtrieb hinter den Kulissen,
während das Publikum im Saal stillsaß:
ich war dabei, war das geschminkte Kind,
das seinen Kopf in seine Hände stützte,
dich erbleichen sah,
du aber schicktest wohlgesetzte Worte
an gewisse Adressaten,
und gleich, welche Rolle meine war,
ging dein Diktat an mir vorüber.

Deshalb schuldest du mir was,
meinen abstehenden Ohren,
meinem kindlich geilen Blick...

Jene Bühne gibt es nicht mehr, jene Mauer steht nicht mehr,
die hundertjährige aus Kalk und Stein,
weder den Souffleurkasten, noch auch die Souffleuse.
Nur ferne noch Erinnerungen,
denen eine kleine Scherbe
haushoch überlegen ist,
denn aus noch so süßen Träumen
holt uns die kleinste Wirklichkeitsberührung
augenblicklich rück.

Angelina aber
hat unser Dorf verlassen,
weil ein junger Mann, der das Theater liebte
und berühmt
für Heldenrollen war,
sich mitten auf der Bühne, blind vor Liebe,
den Dolch ins Herz stieß
und sterbend der Souffleuse in die Augen sah.
Die Souffleuse aber
(Wir wollen ihren Namen nicht zu häufig nennen,
damit wir ihn hier nicht zerfetzen,
und außerdem, weil er schon bald
mit Bitternis genannt sein wird),
sie, die das Drama nicht so sehr empfand,
weil doch die Sache mit dem Dolch
in ihrem Textbuch stand,
wenn auch von Blut dort keine Rede war,
sie zog es vor, noch abzuwarten,
weil sie fühlte, dass die Pause
die Mienen rings im Saal erhellte
wie ein Flammenschein.
Doch schleppte sich der Mime, eh der Vorhang fiel,
zum Kasten der Soffleuse,
bot sich dar,
und damit er nun ihr schönes Angesicht
nicht allzu sehr von Leid zerrissen sah,
flehte er sie kläglich an:
Sprich mir vor, Angelina!

Doch weil
die alte Nonchalance
das mondende Gesicht der Frau beschien,
wollte auch er nun nichts mehr anderes sehn,
er schloss die Augen
und war wirklich tot.

So ging uns die Souffleuse ab,
die jahrelang mit Nonchalance
den Stürmen auf der Bühne zusah,
und wenn die Welt dort unterging,
so hätte sie nur höflich nachgefragt,
was los sei.
Dich, Schönste, gibt es nun nicht mehr,
es gibt den Klub nicht mehr und nicht die Mauer,
weder den Kasten noch das Publikum,
nur ferne gibt es noch Erinnerung...

III

Wie schade,
das Leben ist vorbei
und niemals liebte ich
eine Frau aus meiner Gegend.
Vielleicht,
weil ich geboren wurde für die einseitige Liebe,
und ich den Weg nie aus den Augen ließ,
den einzigen Weg, der niederbog zum Dorf,
gerade bog, und hinter kühlen Windschutzpflanzen schwand.
Und alles, was das Dorf bedurfte,
ließ sich auf dem Rücken tragen.
Was brauchte denn schon
so ein trauriges und armes Dorf:
Brot und Krempel, Hufeisen für Pferde...
Auf dass der Bauer sie in seinen Händen prüfte,
sie abwog und betastete,
und zögerte
für einen Augenblick,
ließ die Gedanken schweifen
hinüber in das Land, in dem man diese Dinge fertigte,
und legte sie dann ab,
wo man sie sehen konnte,
die englische Säge,
den russischen Nagel...

Unterdessen nahmen Blusenstoffe
Abschied von dem Licht des Tages!

Ich wollte keinen Krempel,
kein Brot und keinen Blusenstoff.
Wie schade,
das Leben ist vorbei
und niemals liebte ich
eine Frau aus meiner Gegend.
Ich kenne den Duft ihrer Schultern nicht,
nicht den Strudel ihrer Haare,
während sie mein Atem...

Ein Kleid aus Kattun, eine Bluse aus Kattun,
Büstenhalter aus Kattun...
Ihren Busen, ihre Brüste konnte selbst der Mond nicht sehen.
Ein rund geschnittener schmaler Kragen
bildete die Grenze
zwischen Wunsch und Möglichkeit,
Verlangen und Verbot.

Sie badeten in ihrem eigenen Strudel,
in weißen Hemden,
uns entzogen...

Unter ihnen wuchs ich auf,
beim dunstigen Badehaus des Dorfes nahm ich meinen Ausgang:
sie setzten mich auf ihren Schoß
und kämmten mir die Haare,
sie badeten und wuschen mich,
und also haftete ihr Duft an mir.
Sonntags
hielten sie Feiertagsruhe,
dann nahm die Großmutter mich mit ins Badehaus:
wie wart ihr fröhlich, und wie ungezwungen
warft ihr alle Müdigkeit und Alltagslast
ins Wasser,
wie wart ihr weiß –
das war mein größtes Wunder.
Eure weiße Haut
begann beim Hals und bei den Schultern
und sie zog sich abwärts, und unten, wie ein müder Bär,
ungesehen von der Sonne, ungesehen auch vom Mond...

Es gibt das Badehaus nicht mehr,
nicht mehr das Dorf,
den Jungen auch nicht,
den die Liebe lockte
von den Iori-Ufern,
nur ferne noch Erinnerungen,
denen eine kleine Scherbe
haushoch überlegen ist,
denn aus noch so süßen Träumen
holt uns die kleinste Wirklichkeitsberührung
augenblicklich rück.

Gleich einem schwarzen Welpen
taumelte ich unter ihnen,
taub vom Echo ihrer Stimmen,
blind
von den jähen Wassertropfen, den Liebkosungen.
Ein Knabe
und ein Spielzeugaffe,
ein eben aufgeweckter Gott
der Fruchtbarkeit –
so stierte ich durch meine Finger, welche mein Gesicht bedeckten,
in den Dampf des Badehauses, wo sie ihre Körper regten,
bis eine Fremde, eine Über-Weiße,
meine Augen an sich band,
und die Frauen meiner Gegend
wichen scheu vor ihr zurück,
so wie sich kleine Boote ducken
vor einem Schiff mit vollen Segeln.

Es war vorbei mit unserer Ruhe,
die Mauern bröckelten um unser Bethaus,
wir kriegten alle Augen
und hielten uns einander fern...

Unter der Dusche stand ich...
fühlte mich schuldig,
aber ich wußte nicht warum.
Ein großes Schiff zerdrückte mich
und presste meine aufgelösten Hüften
gegen die Betonwand.
Vermutlich hat sie es gespürt,
dass um sie herum
ein fremdes Wesen streunte,
und wie ein aufgeschrecktes Pferd
drehte sie sich plötzlich zu mir um und schrie...
und so wurde ich vertrieben!
Herrje, mein Paradies,
herrje, ihr meine Augen, auskratzen sollte man euch,
und wehe, ach, das Badehaus des Dorfes...

In der Zeit, in der die Frauen baden,
sitzen die Männer herum und warten, bis sie an der Reihe sind.
Man raucht, man plaudert...

Wenn die Frauen gehen,
nehmen sie sogar die Luft noch mit,
und nicht einmal ein Ding von der Größe eines Fingernagels
bleibt, sich ihrer zu erinnern:

Das Wasser ist noch stärker als die Phantasie!

Wie schade,
das Leben ist vorbei
und niemals liebte ich
eine Frau aus meiner Gegend.

Doch wie erinnere ich mich meiner Jugendzeit,
wenn mir im Spiegel ihre Blüte abgeht...
nur dann und wann,
so wie der Wind die Früchte regt,
ließ uns etwas beben
und zusammenstoßen,
aber wir wollten nichts darüber wissen,
welche Art von Knoten man in unserer Seele schürzen müsste.

Ich werde an der Wehmut, an der Wehmut sterben, um die Frauen meiner Gegend!

Die einseitige Liebe aber
braucht etwas Größeres
als eine Frau:
Etwas aus der Ferne, etwas Fremdes.

In einem Haus,
in dem drei ledige Frauen lebten,
drei Schwestern – mit Gymnasialabschluss,
einem zweigeschossigen
und hohen, einem rätselhaften Haus,
das sie aus irgendeiner
Erbschaft hatten,
diesem einzigen Haus, in dem ein reichhaltiges Abendessen
an einem weiß gedeckten Tisch
genossen wurde,
im Lichte einer herrschaftlichen Lampe
angeleuchtet,
saßen sie auf altmodischen Stühlen
und tranken ihren Tee…
Mit gefassten Mienen,
nur gelegentlich
zuckten sie auf, wenn man romantische Geschichten darbot.
Und die Fenster gingen
zum Balkon, auf den ein großer Birnbaum seinen Schatten warf.

Dort saß auch »sie«,
zu Gast bei diesen Schwestern, und in meinem Alter,
ein weißes, weißes Mädchen,
aber ich – war »das«,
war schwarz, schwarz, dunkelbraun.
Man sah uns zu
mit heimlichem Vergnügen,
wie ich den Dorftrottel zum Besten gab.

Man ließ nicht zu, dass wir uns näherkamen.
Wir reichten nur per »Zufall«
irgendeinem Gast
durch die Hand des andern
mal die Zuckerdose, mal die Zuckerstange,
oder Walnusskonfitüre…

Und wie schade,
das Leben ist vorbei
und niemals liebte ich
eine Frau aus meiner Gegend.

Das zweite Kapitel

I

Was muss ein Sterblicher denn tun,
wie soll er leben?
Wenn ihm das Auto an der Kreuzung streikte,
wenn es ihm mitten auf der Kreuzung absoff
und man von vier Seiten schrie und hupte,
erst regte man sich nur im Stillen auf, dann laut.
Und er hört all diese Stimmen,
die sein ganzes Leben in Erinnerung bringen:
die Zeit,
als er die Augen schloss
und dachte,
dass das Leben seinetwegen
eine Ausnahme von jeder Regel machte,
und das, was rings um ihn geschah,
für ihn nicht wirklich von Bedeutung war.
Dieses wütende
und irre Kreisen,
diese Schonungslosigkeit,
die nur erschrickt vor einer Ähnlichkeit
und dann kurz innehält –
damit sie uns nicht schier zermalmt, erdrückt,
zertritt...
und:
wo bist du,
grenzenlose Nacht,
wo bist du,
ungestrafte Macht,
dank derer wir die Zügel schleifen lassen
und uns lustvoll erst getrauen,
andere zu zertreten, zu erdrücken, zu zermalmen!

Und all das ist ins Geräusch verstrickt,
damit die Stimme des Gewissens
nicht sein Ohr erreichen möge,
denn sie klingt ja allzu dröge
und wir brauchen sie nicht mehr...
Was muss ein Sterblicher denn tun,
wie soll er handeln?
Wie kann er den Straßenlärm
in Poesie verwandeln?
Schlag mir die Tür zu, Leben, schlag sie zu,
deine Türe, die nach beiden Seiten schwingt!
Schlag sie mir zu,
und dennoch hab ich dich in Poesie verwandelt,
süß bist du schon, ich hab dich gern,
so wie der Hund die Hand des Herrn!
Schlag sie mir zu,
und dennoch hab ich dich in Poesie verwandelt,
von mir bekommst du nichts,
nicht einen Splitter nimmst du von mir weg,
weil all das,
was von dir taugt,
habe ich schon angesaugt,
es umschlingt mich, lehnt sich an mich.
Du allein bist nur der Schaum,
nur die Fessel,
oder kaum
mehr als das, was rostet und im Wind verweht.

Lass die Kreuzung schreien, wie sie will:
Ich werde aufs Verdeck des Wagens klettern
und die Arme heben...

Was muss ein Sterblicher denn tun,
wie soll er leben?
Ich schnalle mir die Erde an, sie soll mein Gurt sein, nach dem Schrei von eben...

Vielleicht erinnert sie sich oder stellt sich vor,
oder beides, kommt aufs selbe raus –
denn:
auch Erinnerung bedarf der Phantasie.
Denn:
Wir lassen niemals etwas unversucht,
denn im Versuchen liegt unser Beruf,
und die Worte sprechen wir so aus,
dass sie den Löwen nicht aus seinem Schlaf erwecken.
Denn:
Erst dann, wenn wir auch Augen haben,
wird unser wahres Angesicht zum Vorschein kommen.
Denn:
Uns wachsen Haare oberhalb der Leiste.
Denn:
Unser Jahrhundert ist
die Zeit des Kollektivgewissens,
ein Geheimnis, das nur dir gehört,
musst du gleich mit allen teilen,
andernfalls bist du nichts wert!

Wenn man von dir nichts zu sagen hat,
wenn du kein Geheimnis hast,
von dem die Freunde
sich bedeutsam flüstern.
Denn:
in der Natur grenzt alles aneinander.
Denn:
nach deinem Morgensport
musst du in dieser Weise beten:
Lerne Einsamkeit,
mein dummer Kopf,
sie lehnt schon in der Tür, die schwere Zeit…
Lerne Einsamkeit,
mein dummer Kopf –
nicht etwa bloß,
weil die Kinder eines Tages gehen,
nicht etwa bloß,
weil dir dann niemand mehr den Karren schiebt…
Lerne Einsamkeit,
mein dummer Kopf,
wenn erst das Alter
an die Türe klopft,
wirst du dann nicht mehr deine Einsamkeit
und nicht den Karren mehr beklagen, der feststeckt in der winterlichen Erde.

Denn:
Leichtsinn ist,
was wir am besten können,
und das verlorene Leben
unser Ideal.
Denn:
Süß ist es ja schon, das Leben.
Denn:
Wie der Reisende,
der noch nicht weiß,
soll er ein bestimmtes Ding auf der Reise mit sich führen,
das er doch nicht brauchen kann,
und doch ist er daran gewöhnt,
dass dieses Ding seinem Herzen Freude bringt,
er nimmt es her… er legt es fort…
er nimmt es her… er legt es fort…
und zwischendurch vergisst er es –
vielleicht, um dem Bedauern auszuweichen…
Denn:
Die Henne, die gebrütet hat, kehrt zu ihrem Hahn zurück –
sie will zurück ins Leben.
Denn:
Der das Recht erfand,
gab doch die Wahrheit nicht.
Denn:
Hierher und dorthin,
dorthin und hierher,
so wie ein Hühnerherz nicht weiß,
ob es von dieser oder jener Futterstelle speist –
braucht der Dichter
gar nichts zu erfinden,
die reichste Fülle ist um ihn herum…
Denn:
Wenn das alles so der Fall ist,
wozu sind wir dann hier,
warum spitzen wir die Ohren,
schlagen wir die Augen auf?!
Denn:
Wo nimmt ein Mann dann seinen Stolz nur her,
wenn alles,
was sein Herz verlockt,
sich auftut nur
durch eine beleidigend niedrig geduckte Tür.

Denn:
Uns bleibt nur, dass wir leben müssen.
Denn:
Glücklich ist,
wer eine Schlange würgt, in seinem trauten Heim,
nicht eine Feder – die der Schlange ähnelt.
Denn:
Unglücklich ist,
wer sich am Schuhspanner
die Nase bricht.
Denn:
Beide sind dem Viehzeug überlegen,
denn:
nur dem Menschen eignet die Erinnerung.
Denn:
Ein alter Wolf wird nur geliebt
von seiner alten Mutter,
wer sonst streift noch die Luft
und gibt ihm süße Namen.
Alte Wölfe,
schäbig, zahm geworden…
Denn:
Der im Schatten eines Baumes
selig meditiert,
erblickt in der herabgefallenen Frucht
nicht einen Punkt –
er denkt sie sich als Mahnung!
Als Mahnung und Erinnerung!
Denn:
Die Vergänglichkeit des Daseins
und die Grausamkeit des Menschen
hält uns an,
loyal zu sein.
Denn:
Der Lichtschein meiner Lampe lockt die Mitternachtsinsekten.
Denn:
Der Dichter muss im Kreise gehen,
um seinen eigenen Pflock sich drehen,
er darf nicht fürchten, sich zu wiederholen,
weil Gott ihm eine Stimme gab, und eine Gabe,
und dazu noch einen Stall,
wo er den Matsch zu stampfen und zu pressen hat.

Denn:
So viele Wunder, wie in meinem Herzen sind,
so viele Blumen hätte ich verschenkt.
Denn:
Mein Herz hat drei Jahrhunderte erlitten,
so lang, wie Sklaven ihre Fäuste schütteln.
Denn:
Die große Einsamkeit hat kein Gesicht,
von großer Einsamkeit spricht man auch nicht,
die große Einsamkeit ist keine Traurigkeit,
sie ist nicht gleichgültig und nicht Verzicht...
Die große Einsamkeit ist,
was am Wasserrand auf einem Stein saß
und dann plötzlich schwand.
Denn:
Meine blinde Mutter
suchte nach mir mit zitternden Händen,
so lange, bis sie mich nicht fand,
auf der Wiese ihrer Leidenschaft,
bis sich mein Umriss ihr entwand...
sie scherte sich um gar nichts mehr,
sie war ja blind,
und ihre Hände zitterten,
als sie formend mein Gesicht erschuf
und meine Schultern abschliff.
Denn:
Denkt ihr vielleicht,
dass mich der Eifer treibt,
wenn ich manchmal in der Nacht erwache?
So wie der schief gefügte Stein dem Maurer keine Ruhe lässt,
so hänge ich an den von mir gefügten Worten fest
und mir wird bange...
Denn:
Wo habe ich denn wohl das Wort notiert,
das es mir mit gleicher bitterer Münze lohnen wird?

Denn:

Lasst mich doch im Frühling sterben,
weil die Blumen dann nicht teuer sind!

II

Die vorwurfsvollen Augen
meines Sohnes
schauen mich an
aus einem Dutzend Selbstporträts...
überall sind sie
und sie begleiten mich von einem in das andere Zimmer,
zwanzig Jahre lang
ließ er sie nach mir auf der Lauer sein.
Ich habe ihn verwöhnt.
Alle Sünden dieser Welt
habe ich mir angedichtet,
ich nahm den Gram, die Seelenpein in diesen Augen
als Vorwurf gegen mich.
Vielleicht umsonst...
Es ist vielleicht die Schwermut
des Malers, der die Bilder schuf,
und sie geht mich gar nichts an...
doch ich weiß es nicht:
Die vorwurfsvollen Augen meines Sohnes
schauen mich an
aus einem Dutzend Selbstporträts:
starr und bockig,
als habe der Besitzer dieser Augen
nie etwas vollbracht.
Und ich denke,
ich blamiere mich, wann tat ich
seinem Herzen weh,
ich war doch nie Sankt Georg
auf weißem Pferd und mit erhobener Lanze...
ich bin das, was ich bin,
nur fallen mir so manche Dinge ein.

Wir sind doch fast zusammen groß geworden
und gingen Hand in Hand
nicht nur zur Schule,
sondern auch zum Geigenunterricht
und Jahr um Jahr
bezeugten wir
nicht nur den abgeschabten Rock des Lehrers,
sondern
seine Ungeduld,
er spielte ja auch noch
im Fernsehorchester
und er war reizbar und nervös,
gequält, erschöpft,
und deshalb
ließ er seine Wut an uns aus
und wir kriegten seine schlechten Launen ab.
Aber wir ertrugen es...

Der Junge sah mir in die Augen,
nicht, weil ich ihn verteidigen musste.
Am Ende wurde man versöhnlich,
streichelte kurz seinen Kopf
und sagte etwas, das scherzhaft nach Entschuldigung klang.
Er war doch nicht ein solcher Junge,
dass er dachte –
er verdiene diesen Ärger nicht...

Warum?
So fragten seine Augen.
Sie sagten nicht, warum er sauer war auf ihn,
vielmehr: warum so etwas in der Welt geschah.
Doch konnte ich ihm eine Antwort geben?
Ich trug ja selber einen Anzug, der reichlich abgetragen war.

Warum?
Fragte ich weinend meine Mutter,
als wir im Schlachthof
unsere unfruchtbar gewordene Milchkuh ließen
und auf dem Rückweg nur mehr ihre Leine trugen.
Da stand sie, unsere Kuh, unter den anderen Kühen,
stand hinter all den Balken im verschmutzten Stall
und folgte jedem unserer Schritte mit den Augen.

Folgte ich auch meiner Mutter
mit solchen Augen
durch das schmale Fenster
des Krankenhauses in der fremden Stadt?
Wie leicht und stolz ging sie dahin zu einem anderen Gleis,
eine mir fremde, fremdartig schöne Landschaft.
Nun hing ihr Duft nicht mehr an meinem Hals
und es schien mir wie ein Abschied für die Ewigkeit,
als sie zum Bahnhof ging
und ganz gelassen schwand.
Warum geschieht so etwas in der Welt?
Warum wollte meine Mutter nicht verstehen:
Sobald sie mich aus meinem Heimatdorf an einen fremden Ort verschickte,
damit ich eine »Luftveränderung« hätte,
wurde ich dort auf der Stelle krank und musste zeitweilig sogar in Quarantäne.
War es womöglich
ein stiller Protest meiner Seele oder meines Körpers?
Man schickte mich ja nicht mit ihr zusammen fort,
man beruhigte ihr Mutterherz mit Hoffnung
und ich saß eben meine Strafe ab:
und sah, wie meine Mutter von mir ging.
Im schwarzen Seidenkleid, mit Dauerwelle,
auf hohen Absätzen, vorsichtig und aufmerksam,
so überquerte sie die Schienen.
So schön war sie, so lieb...
Nur noch der Abschied vor dem Sterben
macht sie
derart süß.
Ich fing an zu weinen,
drehte mich in die Umarmung
einer unbekannten Krankenschwester, die mich hielt auf ihrem Schoß.

O ihr Tränen, abgewischt an einem fremden Schoß!

Warum?
Weinend lief ich meiner Mutter nach
und schlug mit der Leine
auf ihren kühlen Körper ein.
Doch konnte sie mir eine Antwort geben?
Ich wusste doch wohl selbst recht gut,
dass wir kein Futter für die Kuh in diesem Winter hatten?
Warum geschieht so etwas in der Welt?
Warum klebten mir am Rücken
die weit aufgerissenen Augen unserer Kuh so fest,
warum hafteten sie mir an den Schultern, ja, an beiden Schultern!

Warum?
Fragten mich die Augen meines Sohnes,
als ich ihm seinen Wunsch verwehrte
und dem alten Blumenhändler nicht alle seine Blumen abnahm,
sondern lediglich zwei kleine Sträußchen.
Er aber wollte,
dass ich den alten Blumenhändler frohgemut nach Haus entließ.
Den schönen Großvater aus einem Märchen,
in dessen Händen die Zyklamen welkten.
Doch
das ist nicht der Grund, weswegen seine Augen voller Vorwurf sind.

Vielleicht, weil
wegen meiner Ungeschicklichkeit
ein Vöglein uns,
Vater und Sohn, von einer Katze weggerissen wurde?
Wir gingen zögerlich um es herum,
es war vom Baum gefallen
und nahm unsere Zuwendung nicht unbedingt begeistert auf,
die Katze zeigte gleichfalls Interesse
und so schnappten wir nicht schnell genug nach ihm,
es war sehr zierlich
und wir mussten fürchten, dass wir es zertreten könnten,
doch ging es nicht, es mit der Hand zu fassen, frisch gefiedert, wie es war...
Die Katze zeigte sich nicht derart zimperlich,
und während wir es zögerlich umkreisten,
berief sie sich auf den Instinkt
und raffte uns im Nu das Vöglein weg.
Unser Irrtum war, von Anfang an:
Wir hätten auf die Katze achten sollen,
nicht auf das Vöglein.

Die Jahre sind dahin gegangen,
und beinah wurden aus uns Brüder,
doch wenn ich alleine bin
und von einem Zimmer müßig in das andere gehe,
schauen mich
die Augen meines Sohnes an,
vorwurfsvoll, aus einem Dutzend Selbstporträts.
Ich frage nur – warum?
Ich war doch nie Sankt Georg
auf weißem Pferd und mit erhobener Lanze...

Das dritte Kapitel

I

Alles geschieht vor dem Hintergrund des Himmels.
Einzig der Himmel, der Barmherzige, fügt sich
den mächtigen Masten der Hochspannungsleitung,
die auf den Hügeln der Vororte stehen,
mit seiner schattenspendenden Hand, und fügt sich
den Krankenhäusern, den vertriebenen, die vor die Stadt geflohen sind.

Auch sie gehören der Erde bis zum letzten Steinchen,
sie sind die Feldlager der Stadt
und begegnen zuerst
den Winden, dem Regen, den Wintern und Sommern
und den ermüdeten Vögeln, wenn sie zurückkehren in die Heimat.
Niemanden stört es, dass sie keine Wurzeln haben,
weder blühen noch in Grün sich kleiden,
dafür entsprechen sie präzise unserem Willen,
dem Traum, eine zweite Natur zu erschaffen.

Droben, wo der Lissi-See zwischen den Hügeln ruht,
wie eine buntscheckige Glucke über ihren Eiern brütet
und alarmiert und ängstlich die Näherung der Stadt erwartet.
Dort in der Ebene
erbaute man die onkologische Klinik.
Von Norden kommt der Wind und bricht sich an ihr,
Hochhäuser, Stockwerke hält sie ihm entgegen,
hoch über der Stadt, von Schmerz und Leid erhoben,
verdrängt sie ihn kraft ihrer Einsamkeit.

Den ganzen Winter über strich ich wie ein Wolf um sie herum,
den ganzen Winter über war dies das Leben, das ich hatte.
Ich saß oder stand, ich wartete, ging auf und ab,
mal im Arzt- und mal im Wartezimmer,
mal in meinem Krankenzimmer, manchmal auch in meinem Auto ...

Dann aber klingelt es, die Frühlingsglocke hat geschellt,
doch haben alle sie gehört?
Ich habe sie gehört, ich lauschte ihr ...
träumte ich denn nicht, den ganzen Winter über, nur vom Frühling?

Und hier ist sie nun: die erste Fliege –
Die erste Schwalbe zur Erkundung von des Frühlings Unreinheit,
in meinem Auto ist sie auferstanden, hier erwachte sie zu neuem Leben,
zur Erkundung erster Blutmischungen,
von Kopfschmerzen und Allergien in der Zeit, wenn die Platanen blühen.
Was diese Fliege zum Erwachen brachte,
ist dieselbe Macht, die uns am Leben hält,
und ... wer diesen Frühling übersteht,
wird auch im Herbst in einen Apfel beißen,
wird sich den Schweiß des Sommers wie den Winterrotz abwischen ...

Dies gilt denen, die am Leben sind.
Ich aber nehm nun am Geschick der Toten teil,
und was sie nicht aufregt, ficht auch mich nicht an.
Ich sitze hier, für mich, im Auto, drücke mich gegen die Rückenlehne,
starre in den Himmel ... und vor seinem Hintergrund einer der Masten
der Hochspannungsleitung, der niemals erblühen wird.

Oben, auf Höhe des vierten oder fünften Stockwerks,
auf dem Durchgang zwischen den Gebäuden,
schieben Schwestern in weißen Kitteln
eine Pritsche mit einem Kranken vorwärts ...
ein paar Schritte hinter ihnen
folgt eine alte Frau, die sehr besorgt wirkt,
ein Mütterchen vom Dorf, fast bis auf die Knochen mager,
doch dank ihrer mannigfachen Kleidung
sieht sie groß und angeschwollen aus ...
Man könnte beinah drüber lachen, wär das Leben nicht so bitter!
Nun aber gleicht sie
einer vom Eierlegen erschöpften Henne,
deren Federn immer länger werden,
man schaut sie kurz an und denkt, sie ist fett,
dabei ist sie knochig unter den Federn
und hat nichts weiter als ein starkes Herz,
das viel erlebt hat, und ihre Seele
schützt den, der auf der Pritsche liegt, vor den Winden,
und schwächt ihre Kraft wohl ein wenig ab ...
O, das Herbarium der alten Mütter, festgenagelt in meinem Gedächtnis!

Dieser Alten folgen nun zwei Männer,
ausgesöhnt mit dem was kommt, und schon mit Künftigem befasst…
diese Karawane war's, die mich passierte, und…Schluss…
als ob ein Flugzeug über mich hinwegflog:
wenn man ihm nur folgte mit dem freien Auge.
Wie viele Dinge sind derart vergangen,
wie viele Dinge werden derart vergehen,
sie bringen uns nicht aus dem Gleichgewicht
und lassen uns nur leise schwanken, wie ein Instrument – bei der Berührung.

In der Zwischenzeit
stob aus der Tür, durch die zwei Krankenschwestern jene Pritsche schoben,
eine Mädchenschar in weißen Kitteln:
so wie Störche bei der Landung mit ihren Beinen an die Erde rühren,
so eilten sie…
Passierten den Durchgang mit fünfzig Schritten
und verschwanden durch die nächste Tür.
Das waren Praktikantinnen – eine Schar von Engeln,
die schon fertig waren mit der Abendmesse
und nun zurück zur Erde kehrten, um sich zu erholen,
um sich von jeder Bürde frei zu machen und sich umzuziehen,
lauter Unsinnskram zu trällern,
um mit Handtaschen und Regenmänteln
ihrem Leben in der Stadt zu frönen,
ganz normale hübsche Mädchen,
für die das Engeldasein nun nicht weiter zählte!

O du Tag, o Morgen, o du Frühling!
Nehmt meine Leiden mir nicht weg, ich fleh euch an!
Meine gestrigen, die der vergangenen Nacht,
meine winterlichen Schmerzen…
Verlockt mich nicht mit eurem Weihrauch,
mit euren Pfaden, die wie Hoffnungen sich auftun.
Wie oft hab ich mich ihnen schon ergeben
und wie oft muss ich mir schwören,
dass ich eure Köder nie mehr schlucken werde:
»Lass dich nicht beirren, das ist die Stimme eines Kindes
und dies die Stimme einer lügnerischen Frau,
doch dieses Lächeln eines feuchten Mundes
macht dein Ruhmesstreben roh…
Halte dich von spätem Abendessen und von Huldigungen fern!«

Wie habe ich die Fähigkeit zum Schwur verloren!
Los, schwöre bei dem Mond vom Sonntag,
dass du hingehst, wenn der Tag anbricht!...
Das Jahr geht zu Ende, die Zeit geht dahin...
Los, schwöre bei dem Grab der Ahnen,
bei der Liebe oder bei dir selbst,
dass du hingehst...
oder ab diesem bestimmten Tag. Oder ab jenem!...
Doch... habe ich die Fähigkeit zum Schwur verloren.

Irgendwo spielen sie die schönen Lieder,
irgendwo spielt es, das schöne Leben...
hier ist es – du kannst mit der Hand dorthin langen,
weit auf dem unerreichbaren Stern, so fern...
Ich sitze im Auto, das am Boden haftet,
so wie ich und... bis in Ewigkeit.

Wollte der Mann sich ein Stöhnen erlauben,
wo wäre es ihm denn vergönnt?
Wo wäre ihm dafür ein Platz bereitet?
Zu Hause? Am Straßenrand? Oder im Auto?
Oder oben im neunten Himmel?

Der Frühling bietet uns die Früchte des Winters.
Im Garten, im Garten, wo wir auf nichts mehr warten...
Warum verweilt ihr, erinnert an ein Leben,
das für mich jetzt so ganz ferngerückt ist,
so wie die Winkel des eigenen Hofs einem Krüppel
die weiteste aller Fernen bedeuten,
ferner als hinter dem neunten Berg:
unglaublich, hier bin ich einmal gelaufen...
da war unser Tisch... dort gingen wir gegen die Brennesseln vor...
den Zaun entlang.
Der Frühling bietet uns die Früchte des Winters.
Als der Herbst zu Ende ging
und wir das Haus im Dorf verließen,
war der Hof sauber gefegt, und nirgendwo
lagen Konservendosen,
noch lag da eine tote Katze,
auch kein ausgebeultes Rad.
Sind sie alle vom Himmel gefallen?

Wir tauschten sie gegen andere Dinge,
die unseren Hof verlassen haben und ohnehin stets im Abwandern waren,
so gingen zwei Fensterscheiben gen Himmel.

Der Frühling bietet uns die Früchte des Winters.
Möge er uns überraschen...

Ich klettere aus dem Auto, nehme den Hof in Augenschein.
Diese Felder, diese Hügel haben dem Winter standgehalten,
auch die von Menschen gesetzten Sprossen.
Obwohl der Winter sein Gepäck mitnahm,
verspätet sich der Frühling, der es sonst gern eilig hat.
Noch ist hier nichts von ihm zu spüren,
nur der Winter ließ hier seine Spuren, wo er saß und wo er lag,
seine Flecken, seinen Körperabdruck.
Kein Mensch hat hierher je den Fuß gesetzt, ich bin der erste,
und wenn ich gehe, bleibt dann meine Spur –
Grund für den Wind, um wahrzusagen,
wenn sich rings die Vogelweibchen sammeln,
und er ihre Namen rät...
Doch man sieht, ich hatte hier kein einsames Vergnügen.
Nahe bei, auf einem Hügel, kann man auch die Hunde sehen,
unterschiedlich in der Größe – zehn in etwa sollten's sein...
Seltsam sind sie, diese Herrenlosen,
die sich stets am Stadtrand sammeln,
als stünde ihnen dort die Rettung offen, dort im »Schoße der Natur«.
Niemand weiß, woher sie stammen –
gekreuzt aus Streunern jeder Art,
formte sich ihre unsterbliche Rasse.
Manche gingen einem Hirten verloren, manche liefen den Tataren davon,
manche einem russischen Beamten...
im Laufe der Jahrhunderte bildete sich ihre Rasse,
Stadtrandhügel sind ihr Treffpunkt,
hier ist's, wo sie sich verlieben, wo sie ihre Dinge regeln...

Ich hatte nicht damit gerechnet, dass sie sich derart verhielten:
Sie sprangen freudig bellend auf mich zu,
ritten ihre Rösser, schwenkten ihre Banner,
Schlagt ihn, das war ihre Losung,
und sie sprangen über Stock und Stein...
Ihre Position war besser.
Hilflos war ich, wich zurück,
raffte Steine, wie ich konnte,
schrie mit fester Donnerstimme,
das Naturkind brach aus mir hervor,
schleuderte aus Leibeskräften, um sie von mir fernzuhalten,
dass kein Ring sich um mich schloss,
traf den einen oder andern — mal am Kopf, mal an der Flanke,
und dann kam's, wie's kommen musste:
Solchen Krieg nicht mehr gewöhnt,
fielen sie aus dem Naturzustand
schon nach kurzer Frist
und nahmen wieder die Gestalt an,
die für sie realistisch ist:
Sklavenhunde aus der Vorstadt,
von der Straße, aus den Restaurants.
Zeigten bange Bettleraugen,
schlichen sich davon, damit ihr Ruf nicht weiter Schaden nähme,
so machten wir uns das Leben sauer.
Langsam kam ich wieder auf die Füße, ging meines Wegs,
doch ich hielt noch immer einen Stein in jeder Hand.

II

Hier hefte ich es an die Wand:
Dieses Bild soll nicht verloren gehen.

Der Mensch ist von jeher bestraft,
für jede Freude soll er zahlen.
Wenn er sich dieser stillen Weisung widersetzt,
wird es ihm schon heimgezahlt – ohne, dass er es erführe.
Aber wie können wir für eine schöne Landschaft zahlen,
für die frische Luft,
für eine Frau?
Aber wir zahlen, wie es aussieht,
für alles bittet man zur Kasse:
für den geplatzten Reifen,
für die Schürfwunde am Kopf,
für verlorene Zeit und ungezählte Schritte ...
und wenn wir alles überstanden haben,
reißt man uns noch die Bettdecke fort.
Auf dem Bild nun ist zu sehen,
wie übervoll der Bus ist,
wie eine schwer bepackte Greisin,
die stöhnend einen waldigen Berg erklimmt.
Das Herz zählt jede Wegekreuzung,
es bezahlt für alle künftigen Freuden.
Draußen ist es kalt, und der Bus ist fest verriegelt,
stickig ist es drinnen, schwül,
wir wollen endlich Ferien haben,
und das alles ist vertraut ...
Und wohin bringt uns dieser mühevolle Weg,
was meint ihr wohl, ins Paradies?
Nirgends als nach Tianeti!

Hier haben wir uns eingewöhnt.
Auch daran, dass auf halber Strecke sich der Bus halb leert,
und wir, drei Jungen auf der Ferienreise,
uns ans Fenster setzen
und wir die beschlagenen Scheiben mit dem Ärmel wischen
und in die vertraute Gegend stieren, bis wir schläfrig werden.
So viele Leute sind schon ausgestiegen,
doch füllt der Bus sich immer wieder neu.
Nur stehen muss am Ende keiner mehr.
Ein großer Alter setzt sich neben mich,
eindeutig in der Landwirtschaft beschäftigt,
es ist, als habe er, bevor er ging,
den Tieren frisches Heu gegeben
und sich danach nicht mehr die Kleider ausgeklopft,
weil just in dem Moment der Bus kam...
Er ist als Zeuge vor Gericht geladen.
So wie er war,
in dem uralten, abgetragenen Mantel,
hetzte er zum Bus und...setzt sich neben mich.

Unsauber, schlecht rasiert, mit Trauer im Gesicht,
ein Heimatloser, ohne Anhang,
denn selbst, wenn's nur ein Neffe ist, so lässt er doch den Onkel nicht im Stich,
und dieser würde sich auch nicht beschweren,
er aber ist alleine auf der Welt
und der Stall ist ihm sein Zelt.
Wo ist sie bloß, die Brust für alle?
Für Groß und Klein, für Frau und Mann,
für Glückliche und die, die's nicht sind?
Wenn man nicht einmal ein Bett hat
und seine Zeit damit vertut, sich hinzusetzen...
Wo ist sie bloß, die Brust für alle?
Zu der du zärtlich bist, an der du nuckeln kannst,
die deine Tränen trocknet,
deine Freude teilt.
Wo steht der Baum,
der selige Baum,
wo ist bloß die Brust für alle?
Frisch gebadet bin ich und gut angezogen,
weil mit einem Bad in Tianeti nicht zu rechnen ist.
Ich hatte es mir eben schön bequem gemacht
und war schon innerlich dabei, mich aufzuregen über die vermissten Bilder,
nun aber sah ich neue Gefahr:
Nichts Gutes schwante mir bei dieser Nachbarschaft.
Ich drehte mich, so gut ich konnte, weg,
und begann schon einzuschlummern...

»Ha... haha... dass ich nicht lache...
Damals, als du mit mir sprachst,
wusste ich, du logst mich an,
doch wusstest du nicht,
dass ich's wusste, dass du logst,
und wollte drüber lachen...
dass du glaubtest, dass du logst
und ich es wusste, dass du mich belogst...«

Was sie da sagte, entsprach der Wahrheit,
nur warum erzählte sie mir das...
»Auf diesen Friedhofshügel hast du mich entführt,
wir Mädchen sammelten dort Kornelkirschen,
doch das Getrampel deiner Füße ließ uns panisch werden,
und wir stoben auseinander...
Diese gottverdammte Marta, sie war's, die mich überredet hatte,
mitzugehen, Kornelkirschen sammeln...
was soll ich dir noch sagen, Micha,
auf diesem Friedhofshügel war's, wo wir uns trafen,
und an genau derselben Stelle sollen wir nun Abschied nehmen...«

O, das Herbarium der alten Mütter, festgenagelt in meinem Gedächtnis!

»Wir machen es so: Was diese Oma in den Taschen hat,
damit machen wir uns einen schönen Abend!
Sie kommt ja wohl aus dem Gemüsegarten, da hat sie sicher
einiges dabei, irgendwas gibt es ja immer, selbst im Spätherbst.
Na, Oma, lass mal rüberwachsen, zeig mal, was du alles hast!
Tomaten... kleine krumme Gurken... Knoblauchzehen...
Zwiebeln gibt es auch noch... 'ne Paprikaschote...
Du hast ja bestimmt auch ein Taschenmesser... in einer dieser Taschen!
Sag bloß nicht dieses alte Sprichwort:
›Bin ich nicht besser als ein Schloss‹, für die Familie?
Und streite ja nicht ab, dass Gott dich länger leben lässt!«

Noch manches Totenhemd wird diese Oma überstreifen,
noch oft wird sie den Truhendeckel heben,
noch öfter ihre Schleierhauben
in die Sonne legen.
Die Kinder packt sie manchmal wie ein Habicht –
»Guckt mal, diese Schlingel,
was spielen sie mit meinen Totenhemden!«
Sie legt die Kleider vorsichtig zurück... tief aus der Truhe
leuchtet ihr ein Bild entgegen, darauf ein Mann,
der sieht sie wartend und mit traurigen Augen an.

»Den ganzen Bauernmarkt bin ich schon auf und ab gelaufen,
ich suche Tschurtschkhela*,
die echten Tschurtschkhela, wie ich sie in der Kindheit aß!
»Dann sag mir doch einmal, woran man unechte erkennt«,
gibt der Bauer stolz zurück.
»Lass dich nicht ärgern, Mann,
die Großmütter, die einst die echten Tschurtschkhela eintunkten,
liegen auf dem Dorffriedhof von Bodbe, die Arme auf der Brust gekreuzt!«

Was er da sagte, entsprach der Wahrheit,
nur warum sagte er gerade das!
Ist es so, dass die, die andere verfluchen,
dann hoch erhobenen Hauptes ihrer Wege gehen?
Sie haben doch das Richtige getan!
Was sollte sie denn daran hindern, hoch erhobenen Haupts zu gehen?
Kehren nicht dieselben Menschen wirklich von den Feldern heim,
mit dem Heu an ihren Schultern?
Erzählt er denn nicht wirklich seine Abenteuer,
er, der in den Bergen wandert?
Ist die Wahrheit wirklich wahr?
Bestraft die Wahrheit nicht den Rechten?
Was ist Wahrheit?
Wenn ich über Gegenstände und Ereignisse
sage, was gewesen ist,
und die Gegenstände und Ereignisse
ähneln dem, was ich da sage,
habe ich denn dann nicht recht?
Doch warum zucken dann
die Gegenstände und Ereignisse, peinlich berührt,
und warum heucheln sie
dann eine Ähnlichkeit
mit dem, was ich behaupte?
»Ich zog mich aus und legte mich« – stimmt es etwa nicht?
Doch als ich zufällig mit meinem Fuß an den kalten Rand des Bettes rührte,
war es mir, als fasste ich dort einen Toten an.
Was war denn das?
Mir schien es tiefer noch der Wahrheit zu entsprechen.
Ich erfinde schließlich nichts:
Unter die Bettdecke zu schlüpfen, ist ein Kriechen in den Mutterleib,
und wenn wir die Augen schließen,
rütteln wir am Weltgewissen –

---

* Lang haltbare, süße Spezialität: auf einer Schnur aufgefädelte Nüsse, in aufgekochten Brei aus
Mehl und Traubensaft getunkt, danach zum Trocknen aufgehängt.

sieh doch nur,
ich hab mich in den Mutterleib verkrochen,
wie kannst du dann so herzlos sein,
einem Hilflosen zu schaden...
Unter seinen Augenlidern
birgt ein Mensch doch nicht nur seine Augen?
Er zieht den Vorhang vor, er spricht den Abschied aus,
geht in sein Allerheiligstes...
Wie sehr er uns auch liebt,
er nimmt uns doch nicht mit.
Wir nehmen Abschied von ihm an der Tür des Schlafs,
möge er in Frieden ruhen!
Wäre der Schlaf
nur jenes Recht, das der müde Körper fordert,
dann müssten wir ihm doch nicht so viel zugestehen?

Und dann zieht man, hoppla, mir die Augenlider hoch,
um mich zu erschrecken.
Überraschen will man mich, und mir ein Gewissen machen...
Es stellt sich raus, dass ich die ganze Fahrt
an der Brust von diesem Alten lehnte,
und er stützte mich sogar noch mit den Schultern...
wie hieß er bloß?
Data, Micha, Schakro, Bezina?
Früh morgens hatte er schon, mit den Füßen trappelnd,
weit die Balkontür aufgetan:
als ob er sagen wollte, keine Zeit zum Schlafen!
(Erinnerst du doch noch an Giorga?)
»Man erlaubt's mir nicht!«
So sagte er und warf sein Reisigsäcklein.
Er war im Kopf nicht mehr ganz richtig, oder war zurückgeblieben,
er sammelte das Reisig ein für alle Backöfen des Dorfes.
Als habe Gott das Reisig nur im Wald verstreut,
damit der Arme ihn dort finden und seinen Unterhalt damit verdienen konnte.
Man hätte ihn von Ferne schon erkannt,
er stäubte alle Wege mit dem Reisig ein,
er war schon selbst so zottelig wie Reisig,
er mit seiner Reisigleine, die er als Gürtel um die Taille trug –
»Man erlaubt's mir nicht!«
So sagte er und warf sein Reisigsäcklein...
Und die Frauen, die den Brotteig kneteten, ließen ihre Hände sinken.
Allen tat er leid, und alle wussten sie
um seine Plage, die einen unsichtbaren Sprecher hatte,
den unsichtbaren Herrn der Himmel, der seine Lippen sich bewegen ließ.

III

Unter die Macht gewisser Grazien gerät,
wer ein Blatt Papier vornimmt...

Herrgott, rechne mir diese Minuten nicht an!
Ziehe mir diese Minuten ab!
Ein Dummkopf war ich,
verlor so viel Zeit, und alles wegen meiner Sturheit!
Ich folgte dem Wind
und sah den Frauen nach,
wollte mich sättigen
und dennoch leichte Flügel haben,
wollte die Erde
und den Himmel dazu...ein wenig zumindest.
Hätte ich nur still für mich gesessen,
hätte ich, was du mir gabst, verwahrt!
Hätte ich nur zwei Blätter verglichen,
hätte ich nichts als Blumen geflochten,
die eine Hand hätte die andere gestreichelt,
hätt' ich ein Steinchen,
einen Vogel bedacht,
das Auge still der Welt vermacht,
statt auf die Wünsche des Herzens zu hören...
denn es ist ja nicht das Leben,
wir selbst sind, was du uns gegeben!

Unter die Macht gewisser Grazien gerät,
wer ein Blatt Papier vornimmt...
aber das ist wenig,
nur ein kleiner Wind, der nicht den Berg bewegt.
Ich gehe fort...
Ich kann mich an das Leben nicht erinnern:
Poesie—die Kunst der Auslöschung—
Niemand wird je wissen,
was ich gelöscht, was ausgelassen habe.
Der Stift entscheidet das,
nicht ich.

IV

Still ward das Meer,
an seinen Stab gelehnt, betrachtete es nun die Erde.
In diesem Augenblick
ähnelte es einem verratenen Greis—
dem Hirten,
wobei die Wellen seine Schafe waren.
Früher war das Meer einmal frei,
dann aber ward es ans Ufer geheftet—
vielleicht mit einem Angelhaken,
wobei man die Füße ins Salzwasser warf.
Don Juan geht am Ufer spazieren,
deprimiert und mit hängenden Schultern:
Frauen gibt es wie Sand am Meer, aber es gibt nur einen wie ihn.
Wie ein frustrierter Imeretier* im Garten der Lauche:
Lauche gibt es hier in rauen Mengen,
aber er hält nur den kläglichen Rest eines Maisbrötchens in der Hand.

Hier tummeln sich auch die doppelten Männer,
hier träumen die, die schon zwei Männer hatten.

Abende an der Meeresküste…Intimität der Meeresküste…
unter einem Sonnenschirm…an einem kleinen Tisch…
Frau Zhenija hat schon die Siebzig überschritten,
ist aber immer noch fit und adrett.
Mit Smaragden, Chrysolithen,
Granat, Lapislazuli, Achat—
gefädelt auf einen blättrigen Kupferzweig,
mit grün gefärbten Seidenblättern…
ein Strauß, wie ihn die Frauen früher
sich ans Korsett geheftet haben.

Auf dem mit Henna eingefärbten Pfad
von der grünen Neurose zur Schizophrenie
lernte ich sie kennen, dort, wo man wandelt,
wenn man nichts lieber als die Tiere mag
und Siamkatzen am allermeisten.
Wenn man nur leise an die Türe klopfte, öffnete sie,
freundlich, vorsichtig, eifersüchtig,
und dem Besucher schlug die Luft entgegen
aus einem Zimmer, das noch verschlossener war als er selbst,
und die Katze begegnete ihm wie abgerissene Wandtapete.

* Bewohner der georgischen Region Imeretien

Wenn solche Frauen erst Vertrauen fassen,
so man denn vertraulich werden kann,
dann kann es sein, dass sie einem ihr ganzes Leben erzählen,
wenn man nur eine harmlose Frage stellt,
und einer wird dann hart dafür bezahlen.
Er liebte mich,
und als wir ins Theater gingen,
nachdem er bei mir war,
stellte er mir das ganze Stück unter dem Aspekt der Liebe dar.
Ich musste aber kurz auf Toilette gehen...
O mein Gott, wenn ich nur daran denke!
Ihr Männer habt es ja so gut,
könnt einfach hinter einem Baum verschwinden...
Ich schwitzte, meine Schläfen glühten, es war bitter,
doch er erkannte darin nur die Leidenschaft,
und als er mich nach Hause brachte,
gab ich ihm noch rasch mein Ja-Wort
und lief die Treppe eilig hoch...
Soviel zu dieser Episode...das Ganze aber ging verloren...

Mein Arbeitsnachweis – ist ein Tagebuch. Kein Büchlein mehr,
ich wechselte schon viel zu oft den Ort und meine Arbeitsstelle.
Schlug in die Tasten der Schreibmaschine...für mich gab's keinen anderen Weg...
Bauern...Stadtneulinge...grobe Klötze...
Schrieben ihre Dissertation und beherrschten nicht einmal die Zeichensetzung.
Ob ich schrieb?...Natürlich!...Und es kam gut an,
doch wurde es dann nicht gedruckt...Ich hatte eben keinen Namen...
schrieb Gedichte über Tschabukiani*, hübsche Sachen,
klapperte die Redaktionen ab...versuchte es mal hier, mal dort,
müde war ich und verbittert, und dann, eines schönen Tages,
suchte ich mein ganzes Werk zusammen
und ich übergab's den Flammen...
Ich heizte einen ganzen Tag das Haus damit.
Sah zehnmal jedes Ballett vor mir!
Einmal war's, nach Schluss der Vorstellung,
ich saß alleine im Parkett
und konnte gar nicht aufhören zu klatschen.
Da kam er lachend von der Bühne, er war sogar schon umgezogen:
»Schon gut, Zhenija, gehen Sie nach Hause...«
Erst dann begriff ich es, es war vorbei.

---

* Wachtang Tschabukiani (1910–1992): georgischer Tänzer und Choreograph.

Ich ließ ihm sagen: Inszenieren Sie doch mal was über mich!
Er hat's getan, Sie werden sich erinnern, das »Poem«...
Doch wurde es nach kurzem abgesetzt...ich hatte eben nicht das Glück gepachtet.
Doch liebte ich das Meer. Als hätte es das Land verlassen.
Es wendet einem stets den Rücken zu.
In seinen blauen Umhang ist es eingehüllt,
und der reicht weit...bis hin zum Horizont.
Und ich muss weinen...nichts bringt es zurück.

V

Was habe ich damit zu schaffen,
mein Meer ist doch die reife Erde,
die jetzt zurück ist mit den Anzeichen des Frühlings.
Ich bin da, ich liege hier und warte.
Vielleicht bricht etwas in der Seele aus...
Ich bin bereit und bringe mich in Positur:
»So muss ich sitzen« oder »So muss ich mich legen«.
Doch ist die rechte Zeit noch nicht gekommen.
Es ist so ähnlich wie bei einer Eiterbeule!

Weißt du noch damals, als du die Eiterbeule hattest,
den »Furunkel«–eine dritte Brust!
Schon gut gereift,
doch du erlaubtest es mir nicht, sie anzufassen.
Doch einmal habe ich mir dich geschnappt...
Da tat dieser Vulkan den Mund auf
und leerte sich total.
Und wenn zu jener Zeit dann auch der Seele,
und den Augen danach war...wenn es zu regnen anfing
gleich für ein paar Tage, wie man es an der Meeresküste kennt,
wenn wir das Haus nicht mehr verlassen und einander nicht entrinnen konnten...
Ich hatte meinen Kopf in deinen Schoß gelegt
und fühlte mich gerettet...
»Ist das mein Bauch?«
»Keineswegs, das ist mein Kopf!«
Er tönt und stöhnt, er windet sich wie eine Schlange...
»Wie bitte? Was hast du gesagt?«

VI

»Wie bitte, was?
Können Sie das nochmal sagen?«
Sag ich zu meiner alten Zhenija
und greife nach dem Wodkaglas.
Wenn mich mein Mann zur Weißglut brachte,
stürzte ich mich auf die Wäsche und wusch für einen ganzen Monat,
oder vergrub mich in Arbeitshefte und korrigierte fünf Klassen auf einmal.
Ich war doch mal verheiratet in so einer Provinzstadt,
mit einer Führungskraft aus diesem Ort...
und war als Lehrerin dort an der Schule.
Mein Mann war meistens hinter Räubern her,
doch obwohl er dort weithin gefürchtet war,
war er zu Hause rasend eifersüchtig, und er schlug mich,
wohl aus Eifersucht auf einen Räuber, den er nicht erwischen konnte,
sonst gab es dort ja kaum noch einen Mann...
Es kamen Jahre, wissen Sie, es war sehr schwierig...
Und letztlich kam dann dieser Mann, für den ich alles aufgeopfert hatte,
auf ganz brutale Art zu Tode.
Ich weiß noch gut, als er beerdigt wurde,
sprang ich ihm in die Grube nach,
setzte mich auf seinen Sarg,
hielt mich daran fest und flehte,
man möge mich mit meinem Mann begraben...
es war so lächerlich...kaum vierzehn Tage später,
da regte sich schon was in meinem Körper
und brach wie eine Frühlingsknospe auf,
die keine Macht der Erde bremsen konnte.
Ich hatte meinen Mann schon fast vergessen, wer kann mich letztlich zwingen,
mich mit Freuden zu erinnern:
Wie ich ihm die Tabaksdose reichte, wenn er schon zu Pferde saß,
»Da ist sie ja!« stieß er hervor und ritt davon wie ein Verrückter...
Man mag's bedenklich finden, doch so ist es halt,
meinem Herzen war das unerträglich!
So sagte ich mir selbst, und dann der ganzen Welt.

VII

O Meer, o Meer, warum empfängst du jene,
die dich den Winter über ganz vergaßen.
Mit keinem Vers gedachten sie deiner, du warst kein Edelstein an ihrer Hand.
In deinen Wellen sich den Leib zu nässen,
halten sie für rein vertane Zeit,
viel lieber gehen sie in eine Bar
und trinken und verzehren sich
vor lauter Sehnsucht nach dem Heimatdorf,
stellen Vergleiche an, das Gras betreffend und die Frauen.

Herein mit dir,
wenn es dich gibt!
Hier wartet die Musik,
hier rauscht das Meer für dich,
ein Mädchen schaut nach dir
am kleinen Tisch...

Herein mit dir,
wenn es dich gibt!
Komm mit der Brise,
die vom Meer her weht,
und wenn die Tür der Bar aufgeht,
siehst du sie schon
in einer Ecke sitzen...

Herein mit dir,
wenn es dich gibt!
In diesem Sommer
ist das Meer wie Samt,
wie ein polierter Diamant.
Wenn so etwas ein Mann wie du nicht liebt!

Herein mit dir,
wenn es dich gibt!
Hier ist Musik,
hier wird getanzt,
und Orgien sind auch zur Hand.
Unter dem Tisch
kehrt jemand Scherben auf...
Orpheus kehrt heute
als John Lennon wieder
und Belmondo ist
der neue Herkules.
Herein mit dir,
wenn es dich gibt!
Hier wartet die Musik,
hier rauscht das Meer für dich,
ein Mädchen schaut nach dir
am kleinen Tisch...
genau wie ich,
bei einer Tasse Kaffee,
wer sagt, es gebe heute keine Wunder mehr?
Herein mit dir,
wenn es dich gibt!
Bleib ohne Knall
und ohne Krawall
für einen Augenblick am Eingang stehen,
dann kannst du über die Tanzfläche gehen
und machst dem Mädchen
deine Aufwartung!

Herein mit dir,
wenn es dich gibt!
Komm mit der Brise, die vom Meer her weht,
Sie sitzt bei Kaffee an dem kleinen Tisch
und sie wartet nur auf dich.

VIII

Hier waren wir als Gäste unterwegs,
die niemand eingeladen hat.
Weder ein Bauer noch ein Farmvorsteher,
auch kein Lehrer,
niemand verbürgte sich für uns.
Wir waren hier als Gäste der Natur. Diese flachen Wiesen,
diese Ebenen und Höhen...
Den Winden folgend, querten wir den Pass,
Scheinwerfer wiesen uns den Weg.

Unten, wo die Ställe für die Kühe sind, die zu dieser Farm gehören,
gibt es zum Glück noch einen Sumpf,
und nach Sonnenuntergang
lauschten wir dort dem Konzert der Frösche.
Trunken von dem kühlen Wind,
standen wir, bis der erste Stern sich zeigte,
unter süßen Harmonien,
und es war für uns kein Zweifel,
jeder Frosch der ganzen Welt
spielt sein eigenes Instrument,
eines, das nur ihm gehört.
Dennoch blieben wir nicht lange,
die frische Nachtluft half uns auf den Weg.

Es war schon eine fette Kröte.
Ein ordentlicher Brocken, geschäftig unterwegs.
Sie eilte vor uns her in großen Sprüngen.
Sie hatte sicher Schweiß in ihren Achselhöhlen.
Wir wichen aus.
Wir ließen dem Violoncello Vorfahrt...
Ihre Augen wölbten sich noch weiter als gewöhnlich,
nur Flügel hatte sie wohl keine,
oder nur in meiner Phantasie:
als sei sie über uns gesprungen
und habe uns bespuckt,
uns, die Herren dieser Erde...
Würdevoll passierte sie das Auto
und tauchte dann allmählich in das Dunkel ein.

Aber wo steckte sie?
Was trieb sie?
Und warum hielt sie plötzlich an?
Leise kehrte sie an ihren alten Platz zurück,
der sicher nicht besetzt sein würde,
denn wer sollte das schon wagen?
Und nimmt ihr Instrument behutsam wieder auf, zuerst verzweifelt,
doch wie bald schon
reiht sie Melodie an Melodie
und bittet so ihr Herz
zum ungezählten Male:
platze nie!
Und der Mond gibt seinen Schein,
Tautropfen schüttet er über das Gras
Und er kleidet mit den Schatten
Was die Seele je besaß...
Was Ast, was Zweig, was Härchen hat...
Wem gehörte dieser Mond?
Hat er im Heuschober gewohnt?
Als Eigentum von diesem Frosch?
Oder einem Haselnussblatt?
Oder ist der Mond am Ende meiner?
Und alle wollen sie ihn stehlen?
Wem gehörte dieser Mond?

Meiner ist er, mir gehört er!
Sagt in einer
Mondnacht jeder,
der einen Malskolben sich schält.
Und wenn eine Pflaume fällt
oder wenn das Vieh brüllt,
erinnern wir uns an uns selber
und denken tief in uns hinein.
Mir gehört er, er ist mein!
Jeder singt sein Lied für sich,
einer trägt ihn auf dem Kopf,
einer trägt ihn auf dem Rücken,
einer trägt ihn auf den Flügeln.
Und der Mond gibt seinen Schein.

Das vierte Kapitel

Wir beiden
sind ja nicht so dumm,
uns groß um unser Ansehen zu scheren,
und deshalb rede ich nicht lange drum herum,
sondern springe gleich ins lang vergangene Jahr '58,
das Jahr, in dem ich dich kennenlernte.
Im Gedränge war's, im schaukelnden Bus,
wir stießen uns nur so aus Zufall an,
zwei glänzend polierte Billardkugeln,
die das Schicksal zueinander trieb...
und weil uns die Natur nun bei der Hand nahm,
taten wir ganz schüchtern ihren Willen, stiegen aus,
hell entflammt, an einer Haltestelle.
Ich war seinerzeit im ersten Unijahr
und mir begann der Ruhm zu Kopf zu steigen,
doch ich war ein Mann und hatte junges Blut,
und du tatest deine ersten Schritte
als Magdalena auf dem Weg nach Golgatha.
Seither verging so manches Jahr.
Deine Beliebtheit sank allmählich,
ja, sie sackte ab,
und eine Zeit lang warst du drauf und dran, als Trinkerin zu enden.
Nun bist du eine wohlbeleibte Frau
und musst wohl akzeptieren, dass du älter wirst...
aber so ist es halt im Leben,
und mit mir ging es bergauf
(aber frag mich bloß nicht, ob ich Schaum bin oder Sahne),
ich bin bekannt, ein regelrechter Star,
und du hättest mich beneidet, selbst als dein Ruhm auf seiner Höhe war.
Jetzt steh ich im Zenit...
Es rechnet sich,
den Schmerz der Kindheit auszuschlachten!
Wenn ich damals hätte wissen können, dass mein Leid
doch einen Sinn besaß und mich einst sichtbar machen könnte, mit der Zeit,
ich verwette jeden Maneti*
und jedes Fitzelchen Applaus,
das ich schüchtern akzeptiere im Austausch gegen meinen Schmerz,
ich hätte mich noch weiter quälen lassen, hätte mich noch mehr ins Zeug gelegt,
ich hätte Salben und Tabletten liegen lassen, nichts mehr eingenommen!

---

* alte georgische Währung

Doch wie es kam, und das verbindet uns, es wurde auch aus mir kein Alkoholiker
und jetzt bleib ich dran an dem, was mir Glück gebracht hat,
und nun lern ich Frauen kennen, nicht länger mehr im Bus,
sondern ganz gesittet und gezielt bei einem Abendessen,
an langer Tafel, wo eine, wie ein scheues Reh,
rein zufällig, so ein paar Gräser rupft,
unter einem Kronleuchter, der die gediegen alten Möbel
und das Tafelsilber ganz dezent bestrahlt...
aber nun genug davon,
viel Wasser floss seither den Fluss hinab,
hier steht mein Auto, nimm bitte Platz.
Es ist so kalt jetzt, wie es damals war,
aber im Auto wird uns beiden warm.
Die Menschen streben doch, in ihrer Not,
nach dem, was ihnen fremd bleibt bis zum Tod!

Ob es wohl noch immer
jenes alte Viertel gibt,
in das du mich mitnahmst anno `58,
oder warfen auch schon dort die Kräne ihren Schatten...
Damals, freilich, schien es mir kaum glaublich,
dass auch diese Ecke noch zu Tbilisi gehörte...
In einem jener schmalen Ziegelhäuschen
hattest du ein Zimmer:
ein Bett, ein Schrank,
ein Tisch, ein Stuhl,
und an der Wand hing irgendeine nackte Venus –
das war alles, was sich dann vermischen
und das Laufen lernen sollte...
aber nun genug davon,
viel Wasser floss seither den Fluss hinab
und du und ich, wir nahmen hier im Auto Platz.
Jetzt ist uns warm, wir lauschen der Musik,
wie man sie hier über Langwelle kriegt.
Wenn man nach langer Zeit Bekannte wiedertriffst,
nimmt man es mit der Wahrheit nicht so sehr genau,
du willst dir selbst gefallen, und auch einer Frau,
die deinen Umgang lange missen musste:
Krank seist du gewesen, und deine Leber täte weh,
und du seist aus dem Krankenhaus geflohen,
»um zu Hause mal ein heißes Bad zu nehmen«:
Zwei Söhne hast du großgezogen,
die nun bei Verwandten leben,
damals hat man sie dir weggeholt, als du fast zur Trinkerin geworden warst...

Und welche Lüge tische ich dir auf?
Was soll ich sagen,
das ich selber, und das auch du mir gerne glaubst?
Also, erstmal bin ich ein Haudrauf, ein Georgier der wilden Sorte,
dann ein Spielmann
oder Dichter, wenn du dieses Wort erlaubst,
oder auch ein Herzensbrecher – meiner Beinamen sind viele...
Früher wurde man für diese Arbeit noch mit Blut bezahlt,
heute ist's nicht ganz so schwer – wir haben Hinterbliebene...
wenn du dir selber Glauben schenkst, dann glauben dir auch andere...
hast du ein Buch gelesen, kannst du selber eines schreiben,
und wenn du deinem Nächsten
einen Berg aus Gold versprichst,
wirst du bei Tage leben können – aber stöhnen wirst du in der Nacht.
Aber nun genug davon,
weil es mir mit dir im Auto leider ziemlich peinlich ist:
An jeder Ampel schlägst du Lärm, gackelst
und machst immer Faxen,
alle Welt soll dich beachten.
Du möchtest wohl nicht dieses Land verlassen?
Dorthin, wo kein Licht ist, wo dich niemand zwickt
und wo auch keine Busse fahren?
Was erwartest du von diesem Land, was verbindet dich mit ihm,
was hat dich hier so sehr begeistert, warum möchtest du nicht ziehen...
Entspanne dich, es geht uns gut, ist niemand, der uns störte, hier,
und man singt sogar noch schöne Lieder, hör doch, bitte sehr...

»Ich drang in deinen Rosengarten,
o mein Leben, ein,
ich lief dir nach so wie ein Kind dem Falter
und wollte dir gern nahe sein...
in deinen Goldturm zu gelangen,
hob ich die Fenster aus den Angeln,
schlug die Scheiben ein...
Ich lief dir nach, und meine Tränen rannen,
lange rief ich dich,
doch du entschwandest mir durch die geheime Tür.
Nun ist meine Kraft am Ende,
o mein Leben, schöner Traum,
wie das schmeckte, was ich suchte, weiß ich leider kaum.«

Na, was sagst du, gar nicht übel, dieses Lied!
Erzählt es etwas über dich, oder etwa über mich – nein, über dich!
Na gut! Man wird mich sicher irgendwann besingen.
Alles gut, jetzt komm mal runter,
die Leute schauen uns schon an,
ich bin nicht dran gewöhnt, mit solcher Prominenz zu fahren.
Mach's bitte jetzt nicht nochmal so wie im Theaterfoyer,
als du mich mit dem Ellenbogen stießest: »Hey,
sag mal, kennst du auf einmal keinen mehr?«
Du hast mich damals fast verdroschen. War auch nicht verkehrt.
»Die hat mich wohl mit diesem italienischen Schauspieler verwechselt…«
Du aber hast mir weh getan, mein Kind,
weißt du denn nicht, wofür die Blicke
von Gott geschaffen sind?

Warum kriegst du dich jetzt nicht mehr ein?
Ist dir mein Auto denn zu klein?
Bist du klaustrophobisch? Kriegst du keine Luft?
Muss alle Welt dich jederzeit begaffen,
bin ich als Zuschauer dir nicht genug?
Bist du ein Pfau, daran gehindert,
Rad zu schlagen?
Bist du eifersüchtig auf die Straße?
Auf das Leben, oder jeden?
Haben sie dich glatt vergessen, mangelt's Dir an Interesse?
Aus dem Auto baggerst du sie an, wer vorbeikommt, jeden Mann…
Und
Verwünschung und Liebkosung,
Süßigkeit und Eiter
fließt aus deinem Mund und strömt nur immer weiter
und mir fällt ein, dass man bezahlen muss
für alles im Leben, bis zum Schluss.
Wollen wir spazieren?
Oder lieber gleich?
So fahr ich die ergraute kummervolle Fürstin
durch ihr verblichenes jugendliches Reich:
Sie wurde still darüber, ruhig und gelassen,
konnte sich auf einmal wieder fassen,
und wovon ich träumte, sah ich nun vor mir:
eine Stunde Null der Weiblichkeit,
weder Lockerung noch Erholung,
weder ein Versinken in Gedanken noch ein Abschalten von ihnen,
eine reine Stunde Null,
deren Wiedergabe nur gelingt,
wenn man sie sich selbst vor Augen bringt.

Zwei Flüchtlinge – so trafen wir aus Zufall aufeinander.
Du hast mich gerettet vor dem gefährlichen Besuch,
dem unliebsamen Ort,
an den man leicht gerät,
wenn man sich zu sehr den Kopf zerbricht...
Ich dagegen rettete dich nicht... Die Stadt hat sich an dich gewöhnt
und wirft zumindest keine Steine auf dich, so wie in einem abgelegenen Dorf,
wo nichts in dieser Welt so schändlich
wie eine arme Dorfnutte ist...
die beinahe so wie ein Poet
dem Spiel mit ihren eigenen Reizen in die Falle geht.
Dem Spiel, der Einsamkeit und Naivität.
Doch du gehörst der Stadt
und trägst wie die Bekannten dort
eine Narrenmaske, welche dein Gesicht verdeckt.
Du schlägst dich durch, baust auf deine früheren Meriten
und erntest das, was du gesät.
Unantastbar bist du, ausgelassen,
die Stadt hat dir geholfen, so wie mir, und anderen auch,
doch schaut sie streng drein, wenn man dich erwähnt,
so ist es ja bei guten Eltern Brauch.

Steigst du schon aus?
Nur keine Eile, ich fahr dich bis zu deinem Haus.
Was soll das heißen, wir hätten nur aneinander gerochen
wie zwei Raubtiere, und hätten uns sogleich wieder getrennt?
Gefalle ich dir nicht mehr? Langweilst du dich? Bin ich klug geworden?
Hab ich es zu was gebracht? Bin ich fett geworden? Sag mir das!
Du hast unrecht, und ich bin nicht gut genug!
Von der Manie der eigenen Nichtigkeit bin ich besessen
und ernte das, was ich gesät...
Kein Hagel hat mich je verschont
und nicht einmal ein feiner Regen
vertausendfachte meinen Acker...
und:
wer mich nicht belogen hat,
der setze sich mit Tränen nieder
an den Flüssen
Iori und Mtkwari!
Hier, jetzt hör einmal, da singt wer über mich:

130

»Ich danke dir, mein Gott, der du mich als Narren in die Welt gesandt,
und danke dir nochmals,
weil du mich als Narren sterben lässt,
denn wenn ich klug gewesen wäre,
wie hätte ich die vielen Dinge tragen sollen,
die mich wohl gehindert hätten,
als ein Narr zu sterben!«

Vielleicht wär's besser, dich nach Haus zu fahren,
sonst findest du vielleicht kein Auto mehr!
Ich bitte sie, weil ich für mich sein will,
mit mir allein, dem Unliebsamen, als Begleiter.
Doch dieses Pathos – ist schon ein begnadetes Gefühl,
dank dessen sich ein Mann zur Säule wandelt
und sich sogleich an hoch erhabener Stelle wähnt:
»Ich schenkte meine Jugend dieser Stadt
und soll jetzt nicht mal mehr ein Auto finden?«
Sprach's und hatte
für mich keine Zeit mehr.
Postierte sich auf dem Bürgersteig, wie auf einem rettenden Ufer,
und sah mich gnadenhalber an, weil wir uns kannten...
und sie ging hin mit jenem Schaukeln des seit je berühmten Körpers,
dem uralt-ewigen, das die Natur,
ihr zum Verhängnis, in ihr aufgezogen hatte...
dem Schaukeln eines Körpers, das seit je
die Straßen in Verzückung setzte, vom alten Rom bis nach Damaskus.

Das fünfte Kapitel

I

Gott, wie flüchtig ist doch unser Leben.
Es vergönnt den Verliebten nicht, mit ihrer Liebe fertig zu werden.
Wie ausdauernd widmet es sich dagegen unseren Schmerzen.
Für die großen Dinge reicht ein Leben nicht aus,
doch besitzt es genügend Muße für unseren Kleinkram.

Hätt' ich so lange unter Wölfen gelebt,
wie ich es aushalte unter den Menschen,
entweder hätten sie mich gefressen und mir so den Garaus gemacht,
oder sie hätten mich aufgenommen und als ihren Bruder geduldet,
dann wäre ich ihrer Treue sicher, und sie hätten mich niemals verraten.

Ich kann den Menschen nicht dem Wolf vergleichen,
doch nicht allein,
weil ich beide fürchte und sie meide,
sondern eher, weil sie voneinander
so verschieden sind, dass sich ein Vergleich verbietet.
Ein Wolf wird sein Verhalten niemals ändern
und wer sich derart treu bleibt,
ist doch ein Gerechter,
und wer gerecht ist, der ist wunderbar und zuverlässig...
Schuldig macht sich jener, der immer sein Verhalten ändert,
und wie sollte man denn den Gerechten einem Schuldigen vergleichen!
Hätt' ich so lange, wie ich unter Menschen weile, in einem Wald gelebt,
so hätte ich doch Bäume unterscheiden können,
gemeinsam hätten wir gerauscht, und lernt' ich heut' einen der ihren kennen,
so würde mich ein neuer Wesenszug nicht morgen an ihm überraschen.

Hätt' ich so lange im Himmel gelebt,
wie ich unter Menschen weile,
dann hätte ich wohl wie ein Stern gefunkelt,
doch hätt' ich Armer meine Augen
sicherlich nach der Erde gerichtet,
so wie der Wolf sein Heulen richtet, und wie der einsame Baum sein Rauschen...

Denn:
Es ist nun mal die Erde,
einmal ist mir kalt hier, einmal warm,
denn es sind nun mal die Menschen,
meine Feinde, meine Brüder,
warum fall' ich ihnen in den Arm,
warum kann ich sie nicht einfach lieben,
schrieb ich denn nicht meine Lieder
ihrer groben Fäuste wegen?

Denn:
Ich schreibe über Menschen,
will es doch mein Eigensinn,
dass ich, wie ich es auch wende,
einer von den ihren bin.
Also schreib ich über Menschen,
will es doch mein Eigensinn,
dass ich leben muss und leiden,
um in andern einen Sinn zu zeugen,
dass ich ihre Leidenschaften
einfühlsam beschreiben kann.

Denn:
Ich bedichte unseren Garten,
singe die Bäume unseres Gartens...

II

Wenn die Nachbarn ihren Grenzzaun flicken
und seufzend einen Pfahl aus Eiche fällen,
wenn sie einen Steinwall mauern,
Draht an Eisenpflöcke spannen,
um die Grundstücksgrenze ganz genau zu treffen
und sich alle Mühe geben,
keinen Zoll davon zu weichen,
dann kommt unter ihnen Freude auf
und das Gespräch nimmt seinen Lauf
und schließt bald schon die Ahnen ein,
und es kann sein,
am Abend steht auf ihrem Tisch der Wein.

Ich bedichte unseren Garten,
singe die Bäume unseres Gartens...

Zwei wilde Birnen hatten wir auf unserem Hof, und noch drei Apfelbäume,
das waren unsere Patriarchen.
Besonders der eine –
der große wilde Birnbaum mit den süßen Früchten,
der stand in der hintersten Ecke als Wächter
und ließ die Baumschatten vom Nachbarn nicht herein.
Er war der Stärkste und der Höchste in der ganzen Gegend,
in seiner Astgabel hüpfte ein Laubfrosch
und an seinem Fuß breitete sich das Brennesseldickicht.

Nie lehnte ich eine Leiter an ihn,
ich sah ihn nur von unten an, als Wunder,
er kam mir ganz wie ein Großvater vor,
und es erhob mich, wenn die Spechte über ihn kamen,
denn ihr Hämmern mehrte nur noch seine Heimlichkeit.
Nun freilich,
du getrautest dich nur nicht, an diesem Großvater emporzuklettern,
doch hätte sich dein Traum erfüllt,
dann hätte dich dein feuchtes Hosenbein gelehrt,
dass er dich liebt und sich bereiterklärt, dich aufzufangen.
Als du noch klein warst, wagtest du, ihm einmal um den Bart zu streichen,
umklammertest auch seine Knie und hattest Angst vor einem Hund,
er aber legte dir die Hand aufs Haupt,
als wollte er dich in die Erde pflanzen.
Du hast
die Wärme dieser Hand und ihr Gewicht gefühlt
und spürtest, du warst nicht unbehütet und kein Affe.
Der andere wilde Birnbaum war ein Demokrat —
ein lieber, liberaler Opa.
In seinen Ästen scheuertes ich mir manche Hose durch,
auch steckte ich zuweilen meine Nase in ein Vogelnest
und lud die Nachbarskinder dort zum Spielen ein.

Ein anderer Opa war ein Maurer namens Kidula,
unter dessen Filzhut man die grauen Haare sah...
mit zwölf, da ging ich bei ihm in die Lehre, reichte ihm die Steine,
ehrfurchtsvoll, mit beiden Händen
bot ich ihm die Steine dar, wie einen goldenen Kranz
oder wie das Wasser am Altar...
wie habe ich ihn doch geliebt,
wie wollte ich ihm eine Freude machen!

III

Es ist nicht wichtig,
was für ein Zeichen eine Familie oder Sippe besitzt,
welches Bild in ihren Schild geschnitzt ist,
was immer dort steht, man muss ihm treu dienen,
sei es ein Tiger, der zum Sprung ansetzt, oder ein Apfelbaum.

Das Zeichen unserer Familie war zu jener Zeit
ein sommerlicher Apfelbaum.
Zart, verwundbar, ungeschützt...
Von überall zog man heran in Scharen,
um zu sehen, was man stehlen konnte,
wohin sollte man sich sonst auch wenden,
war's doch der einzige Apfelbaum im Dorf!
Wohin zog es wohl bei Nacht die Ochsentreiber,
die Fischer, die des nachts ausfuhren
und bei Tage unbeschäftigt waren?
Wir aber säumten nicht, ihn zu bewachen,
sprangen um Mitternacht aus unseren Betten
und fielen über diese Eindringlinge wütend wie die Wölfe her.
Mal behielten wir die Oberhand, mal sie,
so lange nicht der Sommer unser Sehnen stillte,
bis der Wind
den letzten Apfel auf die Erde warf.
Wir wurden müde, ihn zu hüten und zu pflegen,
seine abgeschlagenen Äste einzusammeln
und an seinen wunden Stamm
salbend unsere Hand zu legen.
Die erste Gattin meines Großvaters hatte ihn gepflanzt.
Die Arme hatte ihn aus ihrem Dorf hierher gebracht.
Es heißt, sie sei ein Einzelkind gewesen, verirrter Vogel, fremd in diesem Land.

Über die Teppiche, die sie als Mitgift brachte, strich sie öfters mit der Hand.
Vorm Schlafengehen, eh das Licht ausging,
und auch noch später, denn ich wurde immer öfter krank.

Denn:
Ein rechter Sommer wär das nicht gewesen, wenn mir nicht irgendwas ins Auge flog.
Gelang's mir nicht, es rechtzeitig zu schließen?
Wollt' ich die Gefahr bis kurz vor Schluss genießen?
Man hatte sich für mich nach einer Amme umgeschaut,
doch sollte sie die Mutter eines Mädchens sein,
weil Knabenmütter schärfere Milch besäßen, wie man meinte.
Ich legte mich und bettete den Kopf in ihren Schoß
in Erwartung eines ersten Tropfens.
Mein Blick und jener Tropfen Milch,
sie trafen sich auf halbem Wege,
und ein paar Spritzer landeten in meiner Augengegend,
dies war es nicht, was ich gern wollte, doch ich war benetzt,
mein ganzer Augapfel war jetzt
von dieser klebrig weißen Milch bedeckt...
Und was kam dann?
Wie ging es weiter?
Als man nun zu einem Ausflug blies,
an welchem teilzunehmen ich mich glücklich pries,
als ich mit allen Jungs und Mädchen nun den Bus erstürmte
und man mir einen Platz am offenen Fenster ließ,
begab es sich, wie ich den Kopf rausstreckte,
als wir eben einen Wald passierten,
dass mich ein Ast ins offene Auge traf,
das war's für mich dann mit dem Ausflug,
denn es brannte dauerhaft und scharf.
Ein rechter Sommer wär das nicht gewesen,
hätte ich mir nicht auch noch das Bein verletzt:

Ich hatte etwas Kleingeld in der Tasche
und ich schlenderte ins Dorf
(wahrscheinlich, um mir irgendwas zu kaufen, was ganz Dolles),
verträumt, vergnügt und guter Dinge,
bis ich plötzlich,
in der schattig-stillen Straße,
bevor ich in die Hauptstraße einbog,
an einem Zaun
(was wollte ich da überhaupt,
war doch kein Gehweg, der dort lang ging),
mir einen Splitter in den nackten Fuß einfing,
von einer Flasche, die wie Gras aussah...
die Wunde war schon ziemlich heftig,
an grünen Blättern hing mein rotes Blut...
man holte mich dort weg,
doch ich
sah immer nur dorthin zurück–
wo ich mein Blut allein ließ,
und den Feind, der meiner Rache noch entgangen war...
Seither bin ich so furchtsam, und ich fürchte mich sogar
noch vor der Freude, denn die Angst ist da...
»Und darf man fragen, Angst wovor?«
Angst vor meiner Schuld, du Tor!

Ich fühlte mich vor meiner Mutter schuldig,
dies zuallererst,
sie hielt so große Stücke auf die Wahrheit,
und ständig machte sie mir klar,
wie schwer für sie das Leben war;
unpraktisch war nur,
wie stark sie in gesellschaftliche Ämter eingebunden war
(ich wollte aber meine Mutter haben);
und sie war auch so naiv,
dass sie die Tür für Bettler offenließ,
die schon damals
niemand haben wollte,
und ich zog stolz
mit ihnen herum...
so wuchs ich auf,
und meine Schuld wuchs mit:
»Warum hast du denn Onkel Schakro gar nicht guten Tag gesagt?«

IV

Viel Schlimmeres hätte ich euch antun sollen, hätte eure Mütter...
So schrie er um sich,
als man ihn in die Zelle steckte.
Als er fühlte,
dass er sicher war
vor Spucke, Fäusten
und Beschimpfungen.
Ein Räuber war er...Mörder seiner Frau,
er war gerade erst verhaftet worden und in unser Dorf gebracht.
»Ein Mantel von ihm ist mir lieber
als deine ganze Männlichkeit«–
so sagte seine Frau ihm ins Gesicht,
als er sie mit ihrem Liebhaber erwischte.
Da zog der Unglückliche seinen Säbel und zerhackte sie...
Einmal auf der schiefen Bahn,
ist man gar nicht mehr zu bremsen.
Und so wurde er ein Räuber...

Viel Schlimmeres hätte ich euch antun sollen, hätte eure Mütter...
So schrie er um sich,
denn diesen Leuten gegenüber
fühlte er sich überhaupt nicht schuldig.
Was wollten sie von ihm,
dass sie ihn beschimpften und verfluchten?
Was warfen sie ihm alles an den Kopf,
was wollten sie ihm an den Kragen?
Er verstand das alles nicht
und der Zusammenhang war ihm nicht klar.
Er konnte nicht begreifen, wie die Menschen nun mal sind
und dass sie sich erst recht in ihrem Wesen zeigen,
wenn einer hilflos und zerstört vor ihnen steht.
»Viel Schlimmeres hätte ich euch antun sollen, hätte eure Mütter...«

V

Schaut einmal her und seht,
wie es um die kleinen Dinge steht:
sie stellen sich auf Zehenspitzen hinter jene Sachen,
auf welche wir bewundernd schauen,
die wir mit unseren Blicken glücklich machen.
He, du Trottel – so etwas sagen kleine Dinge nicht,
dafür sind sie viel zu höflich.
Hallo, mein Herr,
hätten Sie vielleicht kurz Zeit,
uns Ihre geschätzte Aufmerksamkeit...
wie aber können wir uns ihnen nähern?

Die Pflaumenbäume
standen am Straßenrand,
daneben weideten
unsere Kühe.
Nachts,
wenn all die anderen Bäume
wie mächtige Geier
ihre Flügel klappten,
lag diese Ecke unseres Hofes
wie ein Kind da, das nicht schlafen kann.
Das Schnaufen oder Schmatzen einer Kuh,
so wie sie sich erhob und wieder legte,
gab, wie das Fallen einer Pflaume,
ein Echo auf die große Welt...
ließ eine Kuh wohl einen Haufen fallen,
schlug eine Pflaume auf den harten Boden...
als ob sie Lebewesen wären,
zog es die Pflaumen nach dem freien Himmel, der jenseits aller Zäune lag.
Für mich lag jenseits aller Zäune eine andere, fremde Welt,
die Luft war anders dort, die Bäume...
Die Pflaume,
die auf Nachbars Grundstück fällt,
ist nicht mehr die deine...

Du rufst nach ihr, du suchst nach ihr,
sammelst sie am Morgen auf, um aus ihr Schnaps zu destillieren,
doch auch der Nachbar lärmt mit dem Geschirr,
und ihr,
wie Grenzsoldaten verfeindeter Staaten,
seid schweigend dabei,
euch beschäftigt zu zeigen.
So wandert
deine Pflaume in den fremden Destillator
und die nachbarliche Pflaume
löst sich auf in deinem Eichenfass
(die Pflaumenäste zu beschneiden ist nicht ausgehandelt worden).

Kann etwas größer sein in dieser Welt
als das Wunder,
das sich Frühling nennt!

Sie sprangen auf, sie wurden schaumig,
sie sprudelten und holten Atem,
und jede hatte ihre eigene Stunde
und ihren eigenen Gesang –
die Mirabellen und die Pflaumen unten,
die Apfelbäume etwas höher,
hoch oben aber, auf dem Hügel,
breiteten die wilden Birnen ihre Flügel.
Ein Baum, der blüht, gleicht einem Triumphator,
der ganze Garten summt zu ihm empor
und die Erde ist ihm untertan...
mit solcher Ehrfurcht,
solcher Demut wandelte ich unter Blumen,
wir gruben um,
verbrannten Laub, das den Winter überdauert hatte,
wie eine Braut,
wie eine Frau, die schon im siebten Monat ist,
segneten wir sie mit den Augen, hielten uns respektvoll fern...
und doch verglichen wir, in aller Unschuld, uns dem Wachstum dieser Blumen –
na, wo seid ihr,
Schaufel und Harke des gestrigen Tags,
was braucht ihr, Zäune, wo muss man euch flicken...
ist erst der Frühling einmal da,
sind auch der Sommer und der Herbst schon nah!

O diese Frauen,
mit einer Wurzel harken sie die feste Erde,
geschäftig eilen sie hin und her
zwischen den Obst- und Gemüsebeeten
und ihre Gesichter tragen den Blütenschimmer
der ersten Frühlingssonne.
Knoblauch pflanzen sie und säen Kräuter
und mit der Harke schüren sie das Feuer
und Sonnenstrahlen und Gartenduft
bergen sie an ihrem Busen
und mischen sie veredelnd
unter die nächtliche Luft...
o diese Frauen,
woher nehmen sie nur die Geduld,
sie entsteigen ihren Röcken wie ein weißer Rauch
und steigen aus der Asche...
und dieser Aufstieg kennt kein Ende,
so wenig wie ihre große Geduld.

VI

Kann man es wohl Rachsucht nennen,
das Gefühl,
mit dem wir die Wildbirnen fällen ließen?
Zuerst holzten wir jenen Baum ab,
der einen Laubfrosch zum Pächter hatte
(dessen Stimme war danach verstummt),
die Apfelbäume aber verdorrten uns von ganz allein ...
Wir mühten uns, sie umzupflanzen,
weil wir sie erhalten wollten,
doch sie schlugen nicht mehr aus,
und wo einst die wilden Birnen standen,
sah man abertausend Sterne in der Luft,
so, als zöge man den Vögeln, die sich dort mit ihren Beinchen
im Geäst gehalten hatten,
mit einem Mal den Boden weg ...

Nein, es war nicht wirklich Rachsucht, die uns die Bäume fällen ließ,
doch eine Spur von ritueller Leidenschaft zeigte sich wohl doch darin ...
mit dem Blut der Bäume
bahnten wir den Weg nach vorn.
»Sie tragen selber keine Früchte,
und sie nötigen die jungen Bäume.
Als vom großen Wildbirnbaum
ein morscher Ast herunterfiel,
erschlug er uns zwei schöne Sprösslinge,
und deshalb musste er dann weg ...«
»Na ja, so eine wilde Birne finden wir nicht nochmal,
es war so eine seltene Sorte, und so süß,
wir haben sogar Saft daraus gekocht, erinnerst du dich.«
»Auch ich habe Äpfel bei euch geklaut.
Einmal waren wir Fische fangen, fällt mir ein ...«
»Was war das nur für eine Sorte, Mann, natürlich hab ich andere probiert,
doch diese war schon was besonderes,
schmeckte irgendwie süßsauer ...«
»Habt ihr auch den Apfelbaum nicht mehr,
der drei verschiedene Apfelsorten trug,
und gabt ihr ihm nicht einen Namen?«

Irgendwann einmal, so fällt mir ein, bin ich in diesen Wildbirnbaum geklettert
und ich kam nicht mehr herunter,
und ich rief,
Mutter, stell die Leiter an!
»Wie du da hochgekommen bist,
so kommst du bitte jetzt auch runter, und zwar ein bisschen plötzlich...«
Ich aber dachte,
ich bleibe auf dem Baum für immer...
Wie wünschte ich mir,
von dort zu verschwinden,
von Baum zu Baum, von Wald zu Wald, von einem Berg zu andern...
(dann sollte mich diese meine Mutter doch mal suchen kommen, mit den Wangenkratzern).
Dann aber, in den Bergen, am Fest des Heiligen Weißen Georg,
erschienen mir die Himmelssterne so weit unten,
dass ich, das Kind,
in meinem Herzen den tüchtigen Gedanken fasste:
wenn ich mich nachts auf eine Seite drehe,
darf ich auf keinen Fall die Hände aus der Burka* nehmen,
nicht mit ihnen fuchteln und zufällig die Sterne treffen...
Was wussten wir schon, am Sankt-Georgs-Fest,
was für ein Bittgesuch
die Oma hatte,
welcher ihrer Wünsche in Erfüllung gehen sollte,
dass sie sich mit erhöhter Kraft auf den weiten Weg begab.

So endete
das lange Leben jener Bäume.
Man schloss ihr Buch,
einen großen alten Folianten, ledergebunden...
Nun stehen keine Patriarchen mehr auf unserem Hof
und auf die Bäume zeigen wir nicht mehr mit Namen
und deshalb kostet es nun große Mühe,
wenn wir von ihnen reden möchten.
Unsere Bäume aber
folgten unseren Ahnen,
vielleicht habe ich sie aus Versehen auf diesen Weg entsandt:
Bleibt drüben, werft dort eure Schatten,
tragt dort drüben eure Früchte,
gebt sie den Toten dort zu kosten.

---

* Hier: ärmelloser, wärmender Männerumhang aus Schaf- oder Lammfell

Das sechste Kapitel

I

Dieser Spiegel zeigt mich als Greis –
der Spiegel von Tianeti.
Vielleicht kommt das,
weil er selbst so alt ist,
Tausende erblickten sich in ihm,
und tausend Dinge spiegelte er wider.
Nicht nur Menschen, die die Erde schluckte –
auch die Bäume und das Laub vom Apfelbaum,
auch die längst vergangene Sonne
und die Falter, alte Seelen, ganz in Farbe aufgegangen –
weil man ihn manchmal auch nach draußen brachte
zum Haareschneiden auf dem Schemel,
den Blick zum Erdboden gerichtet...
Dieser Spiegel zeigt mich als Greis.
Vielleicht kommt das,
weil er selbst so alt ist,
Tausende erblickten sich in ihm...
Wie ich schon sagte,
älter macht dich jeder Blick in ihn!
Tief wie ein Brunnen ist er, unergründlich,
und wie sehr ich mich auch mühe,
kann ich doch kein Gesicht heraufbeschwören.
Er ist von all den vielen Augen ganz zerfressen, wie von Motten,
seine Ränder sind bestoßen,
wie bei altem Pergament...
Selbst die Kinder,
die sich einstmals vor ihm zierten,
sind so alt geworden, diese Armen,
dass kein Spiegel sie mehr reflektiert.
Wahrlich, so uralt ist er,
dass er zum Spiegeln nur noch in der Mitte taugt...
Er ist die bedingte Stimme unserer Vergangenheit,
daher kommt es,
dass er uns nicht kränkt,
so wenig wie die Stimme eines Hofnarren,
der bei aller Frechheit

ehrlich kündet,
was er denkt,
denn auch sich gekränkt zu fühlen, weckt die Stimme des Gewissens,
führt dich zur Wahrhaftigkeit,
und die Hand ihr vor den Mund zu halten
wäre Feigheit
und das Eingeständnis deiner Schuld.

»Wir spielen doch nur«, spricht der Hofnarr –
ihn zu peitschen wäre dumm, so, als wolltest du den Spiegel peitschen,
denn auch der Spiegel ist ein Fluss,
altern kannst du wohl vor ihm,
doch zweimal in denselben Spiegel schauen ist noch niemandem geglückt.
Wörter spiegelt er nicht wider
und er spiegelt nicht Musik...
nicht die Zeit und das, was ihr gehört...
nicht einmal den Herbst vom letzten Jahr kann er bewahren?
Unsere Falten, unsere Augen!

Dieser Spiegel zeigt mich als Greis –
der Spiegel von Tianeti.
Ich behalte ihn als ein Relikt, vielleicht,
weil er mir das Bild
der Vorfahren entgegenhält,
den alten Kamin,
die durch die Fenster eindringende Nacht,
die einem Räuber ähnelt, Wolfsaugen macht...
doch wenn dann der Mond vorüberstrich
und durchs Fenster zwinkerte, erinnerst du dich nicht?
Wie die Sonne als beleibte Frau durchs Fenster kam
und mit der Hand den Staub von allen Dingen nahm?
Wie die Mutter eine Kuh molk, unter Pflaumenbäumen?
Alles gab der Himmel wieder, was mich je geängstigt hat,
und die Stimmen, die mich aus den süßen Träumen holten –
diese Stimmen, die ich schimpfte – wie ich sie gesegnet habe!
Denn sie brachten meinem Herzen Morgenhoffnung
und von Ferne schon das Licht des Tages. Dieser Spiegel?
Wie ähnelt er doch dem Tandur*, einer Pfanne auf dem Herd,
Augen, die sich vor der Wahrheit schließen,
einem ausgestopften Adler, oder einer Wahrheit, die man zu direkt ausspricht.

---

*   Traditioneller Backofen

II

Was sollte ich die Sommerhitze fürchten,
wenn ich alleine bin
und alle Vorhänge sind zugezogen,
wenn ich frisch geduscht bin und Musik erklingt ...
wenn alle Dinge ihren Duft verströmen,
weil ihre Zeit gekommen ist. Niemand läuft mehr hin und her,
die Luft bleibt unbewegt
und die Dinge kommen nun erst ganz zu sich,
stehen im Einklang mit sich selber und sind ungehemmt.
Auch für mich ist nun die Zeit gekommen:
Bin ich doch zu Hause!
Schlug der Welt die Türe vor der Nase zu!
Und meine Kleider liegen frei verstreut
Niemand hier, der mich ermahnen oder korrigieren könnte
und niemand auf der Welt ist nun so frei wie ich ...
Denn es ist heiß, und so sind alle fort
und liegen mit den Hintern irgendwo im Wasser.
Allein bin ich, ach Gott, was ist das Leben süß!
Nackt tolle ich umher
und nehme so mich selbst in Augenschein:
Schon lang nicht mehr
hab ich meine ganzen tollen Teile mal so eingehend betrachtet.
Mein Risiko ist, mit dem Wind zu spielen,
was mir nur gefährlich wird, wenn ich mich dabei erkälte.
So geh ich wieder an den Rändern, aufregend wie zur Jugendzeit ...

Seit wann zieht es uns schon zu den Rändern hin?
An den Rand der Birnbaumäste
oder an den Rand des Zauns,
an den Felsrand, an den Rand verfallener Burgen ...
kann sich jemand noch erinnern,
weswegen er mit solcher Leidenschaft immer an den Rändern ging?
Am Rand der Tümpel, Flüsse, Seen,
am Rand des Feuers,
Rand des Eises, lodernd, wenn es schmilzt ...
niemand kann sich mehr erinnern,
warum ihm das als Kind gefiel,
niemand kann den Grund benennen
für das alte Kinderspiel,
warum er »das« gern »so« gemacht hat!

Da, jetzt kratzt es mir im Hals. Ist es etwa schon soweit?
Ich schließe das Fenster, kleide mich an. Bin ich erkältet, ja oder nein?
Dann lege ich mich also mal aufs Bett. Doch schon
spring ich wieder auf, denn mir fällt zu meinem Ärger ein,
wie ich mal einschlief, ohne mich gut zuzudecken, und augenblicklich war ich krank.
Hatschi! – hatschi!, sprach ich, wie der Kuckuck: Ku-kuck...
Doch nie schafft man es, sich zweimal auf das gleiche Bett zu werfen,
vorhin machte ich mich doch noch anders lang.
Also gut, noch einmal! Und ich knöpfe mir die Jacke zu...

Wie suchte man an meiner blanken Brust das Fell!
Diese Frauen, die auf Tierhaar stehen...
Steigen sie aus ihren Röcken,
kann man weißen Rauch ansehen...

In jedem Wort, in jeder Phrase, jeder Melodie
lassen wir,
was schmerzhaft zu ertragen ist,
es ist so bitter und genügt doch nie,
welches Wort wir ihm auch widmen, welche Phrase, welche Melodie...
überlassen wir uns einfach der Musik,
lassen wir uns von Musik verführen...
Ich komme schon... ich bin gleich unten...
gebe ich zur Antwort
einem, der mich gar nicht ruft,
das ist alles,
was ich noch behalten habe von den Spielen meiner Kindheit,
wie ich den Kopf aus meinem Fenster stecke
und niemand rufe an der Straßenecke:
Ich komme schon!
Doch brauch ich dieses Spiel nicht jetzt noch mehr?
Ich komme schon... ich bin gleich unten...

Ich bin bereit, mein Herrgott!
Bin blitzsauber
wie der Tote nach dem Tod:
blankgescheuert und entleert.
Was in mir verzichtbar war, ward gelöscht und ausgekehrt.
Ich bin bereit, mein Herrgott!

Diese Hand ist nicht von dir!
Diese Hand hier – mit den in Blut getunkten Fingern,
die sensible Hand, die Süßes pflückt,
bereit, die ganze Frucht zu fassen,
prüfend in der Hand zu wägen,
nicht nur Größe und Gewicht,
sondern auch den heißen Saft verspricht.
Diese Hand gehört den Frauen – einer, die auf Tierhaar steht,
deren rot lackierte Fingernägel
mich zerkratzten und zerstückten
und mich ganz und gar beraubten ...
Diese Hand gehört den Frauen – einer, die auf Tierhaar steht,
die an meiner blanken Brust das Fell vermisste,
weiße Henne, die mich mit dem roten Schnabel küsste –
und dann wurde sie mir gram, weil sie nicht ganz auf ihre Kosten kam ...
Hole mich, mein Herrgott, fort von denen,
die auf Blut und Tierhaar stehen,
mit den im Wind zerdrückten Schößen, die mich nicht beweinen mögen,
fort von denen, die nichts fühlen und nichts sehen,
die uns helfen, dass wir laufen gehen ...

Diese Hand ist nicht von dir!
Diese Hand sah ich schon überall:
Am Haltegriff im Bus,
beim Maiskolbenschälen,
so eine große und tüchtige Hand –
und für deine eigene kannst du dich bloß schämen...
durchscheinend, zart
und passt in deine Faust,
so dass du stolz die große Hand anschaust...
eine Hand, die Wäsche wringt,
Futter streut, dem Kind das Kopftuch schlingt,
Hand, die über Wangen streicht,
Türen schließt, sich an den Schädel greift,
die ihren Busen ins Dekolleté zwingt
und die Frisur noch rasch in Ordnung bringt...
die dein Haar berührt, dich zähmt,
die dein Bett macht und dich kontrolliert,
die Hand dir vorhält, wenn du gähnst...
die dir deine Augen schließt,
dich der Erde übergibt...
Hand, die sich von dir absentiert,
und, um sich von dir zu lösen,
hält sie sich an etwas Bösem,
das es auch in deinem Leben gab...
und als habe sie dich
deshalb nicht mehr lieb,
ruft sie einen anderen ans Fenster,
alles mit derselben Hand...

Die Nacht kommt nieder,
und sie unterwirft
alles, was auf Erden ist, der Einsamkeit.
Alles trennt sie voneinander:
von der Brennessel den Zaun
und den Apfel von dem Blatt,
jeden Zweig macht sie dem anderen fremd.
Die wackere Erde...die sittsamen Bäume...
Das in sich einheitliche Vieh, und mitten drunter – hocke ich,
mit dem wechselvollen Gesicht, mit Eigenschaften aller Art,
von denen manche mir gehört – doch welche, weiß ich nicht!
Ich liege. Aber schlafe nicht.
Hab mich mit Mühe vom Schreibtisch erhoben.
Ich zittere noch, ich war nicht abgekühlt,
als ich aufstand – kann nun nicht mehr schlafen.
Mag mich nicht belauschen.
Ein spätes Auto knirschen hören
ist immerhin noch besser, als sich selbst zu stören.
Es bietet mir so viele Varianten
zu dem, was ich gerade schrieb,
wenn es schon vorliegt und gerade kühlt
und sich nur langsam darin übt...
alles schon verraten...was ist nun sein Wert...
schläft nicht mehr und ist nicht wach,
wenn du es grüßt, so hebt es nicht die Hand, weil es keine Antwort fand.
Ich mühe mich...gleich schlaf ich ein...
Sonst helfe ich noch mit der Peitsche nach...

Als ich es mit dem Schlaf nicht eilig hatte
und mich am Erwachen freute...
Es gab wohl eine solche Zeit, es gab sie, aber sie ist weit!
Die Sonne neigte sich bereits,
mit der Musik und mit den Pfauen...
Die Zeit der Meisterwerke liegt schon hinter dir:
Das Gelage ist vorüber und die Schlemmerei vorbei,
auch die ganzen Spielereien und die große Ferkelei...
so tönte und vibrierte ich,
denn ein Mensch, der etwas sagt,
fühlt sich wie Gras, das eine Heuschrecke im Sprung verließ...
beide singen, beide schwingen, beide sind sie Gras –
und Wörter sind Flicken und Fetzen der Zunge:
reich und prunkend und im Übermaß!
Ich liege mit meiner Erkältung darnieder
und murmele munter vor mich hin,
einsam wie ein Kind, das in der Wiege liegt
und sich selbst ein Schlaflied singt...
und wie schön das Leben ist,
wenn es dich in Ruhe lässt!
Ärgere dich nicht, Ale! So trieben die Alten den Kleinen an,
weil den Kindern das Ringen misslang.
Wie soll das gehen, sich nicht ärgern?
Wo man auf Zehenspitzen laufen lernt:
Wir altern ja schon in der Wiege, in der Obhut unserer Mütter...
Am Wasser fanden wir ein Steinchen
und die Jahre gingen hin.
Oh, die kindliche Gewohnheit,
loszuheulen, wenn wir was verloren haben!
Mir fiel mein Herz in den Brennesselbusch,
als ich nach Nachbars Pflaumen langte
und die Alte stehen sah, hinter den Kartoffeln.
Knoblauch regte sich schon auf...
Und der Hahn stieg zu der Henne, die dort angebunden war...
Eine Frau mit Kopftuch rannte auf den Hahn zu, peitschte ihn,
seine Frechheit kam ihr so bekannt vor...
Morgen, tu nun deinen Schrei,
ich, der Nackte, bin dabei!
Was säumte ich die ganze Zeit,
ich, der Nackte, bin dabei!

Als ich nach der Ruhe suchte, warum suchte ich danach,
als ich nach der Stärkung suchte, warum suchte ich danach,
hätten Christen ihren Gott getroffen,
würden sie ihn nicht erkennen ...
Ich dagegen werde nervös,
wenn dort drüben was geschieht:
jenseits dieser Tür, dort hinten ...
Als er starb, da sah man es:
alle seine Taschen waren aufgetrennt!
Du, der das Leben jagte,
hast den Tod gejagt!

Die Schaben an der Wand, der Straßenstaub, die Heldentaten eines Andern, ein
goldenes Saxophon, schöne Beine, Frauen, die verblüht sind, der Geruch von
brennendem Benzin, das Parfum von Frauen, die vorübergingen, die anstößi-
gen Reden ausgebrannter Männer, Haarsträhnen, weder die Wirbelsäule wird
gedrückt noch klappt der Unterkiefer vor Vergnügen runter, eine Frau – ein
Trog, ein Kübel, aus dem der Welpe frisst, damit auch wir fressen, mit den Waffen
ändert sich der Mensch, welche Vertrautheit, so sagt mir eine, ich sah sie lang
nicht mehr und nahm sie in den Arm, diese Frau aber sagte zu mir: welche Ver-
trautheit, sagte sie zu mir, sie hat es wohl vergessen, was wir angerichtet haben
vor zehn Jahren, als wir die Lippen und die Körper aneinander pressten ... welche
Vertrautheit ... ich habe mich gefreut, ich kann mich gut daran erinnern. Das sind
solche, die meine Mutter nicht zur Welt gebracht hat, kein Benehmen, wenn
sie sich unbeobachtet fühlen, doch wenn man sie sieht – dann geben sie sich
hochmütig, streng, anspruchsvoll, sie haben's nicht geschafft, sich irgendetwas
anzueignen, durch das man sie von anderen unterscheiden kann, doch das ist
notwendig zum Kennenlernen, du bist nicht Fleisch allein, bestehst auch aus
Granit ... ich murmele vor mich hin, singe mir ein Schlaflied, in meinem Körper
haust die Erkältung, das Telefon klingelt, aber was soll's ...

»Bist du es, Schatz,
was störst du mich, wie ich mich amüsiere?«
Dann erwidere ich,
bist du »das« oder bin »das« ich?
Nein, ich frag dich nicht danach!
Wer von uns beiden ist hier nur der Dumme?

III

Dieses Haus, in dem die Freundin wohnt, haben die Eltern ihr gebaut:
»Mit einer Wohnung heiratet man kaum,
doch ohne Wohnung hast du keine Chance...«
und dennoch blieb sie ledig!
Wir aber haben dieses Haus bevölkert:
Die Freunde aus der Studienzeit, von verschiedenen Arbeitsstellen,
wir, die alle ihre Macken haben und in sich gespalten sind...
hier treffen wir uns, lecken unsere Wunden,
zufrieden mit dem kleinen Abendessen, mit dem kleinen Kaffeetisch,
wir mögen uns, wenn wir uns auch im Herzen tadeln,
wir träumen von einander, und manchmal reicht es uns dann auch.
Manche von uns waren ledig, andere schon verheiratet,
mit Familie und Kindern, andere waren ohne Anhang,
und weil Gott uns nicht nach seinem Bilde schuf,
suchten wir uns selbst Gestalt zu geben.
Improvisiertes Abendessen, eine Party,
und wir sangen auch spontan...
und was das Allerbeste ist,
dass man hier immer neue Leute treffen kann.

Getafelt haben wir, nun wird getanzt,
nur ein paar Pärchen sind
am Tisch geblieben,
quatschen immer noch...
sie ist so jung, ein Kind noch, dass ich ihre Züge
nicht so recht erkennen kann.
Wir tanzen. Ihre kalten Finger
erwärmen sich nicht nur in meinen Händen, sie schmelzen
regelrecht dahin, so dass sie bald verschwunden sind.
Was weiß ich schon von ihr?
Wie bei einem neugeborenen Kind
sitzt alles bei ihr an der rechten Stelle,
sauber ist sie, stolz, gesund...
Die Angst vor morgen – ist ihr fremd –
Gequatsche!
Nichts hat sie zu verheimlichen, nichts zu verschweigen
(was ich von mir selber nicht behaupten kann)...
Nach dem Tanz nimmt sie im Sessel Platz wie eine ganz erwachsene Frau
und trägt auch einen Ring am Zeigefinger,
ein Silberring mit schwarzem Bernstein, um den bösen Blick zu bannen!
Ich betrachte diesen Finger, diesen Ring,
wie einen süßen Leichtsinn,
mir ist danach zu scherzen,
sie aber schaut mich mit den klugen Augen an –
als brächte sie mir bei,
wie man sich benehmen soll einer jungen Dame gegenüber.
Sie schaut mich durch die schöne Brille an
mit ihren ruhigen und klugen Augen,
wie ein Insekt, ein schönes, das dein Blick genießt
und das,
so scheint's, in deinen Augen liest.

Zeit, dass wir uns zusammenraffen
und uns mal nach Hause schleppen, na, wer geht denn heut mit wem!

Meine Freundin,
eine kluge, hübsche, die gut stricken und gut backen kann,
der der Alkohol verhasst ist und die Wissenschaftler auch –
sie ist reichlich sittenstreng.
Sie ermahnt mich, wie jung doch dieses Mädchen ist,
und setzt es zu Freunden in ein Auto, auf die man sich verlassen kann.

Ich aber soll irgendeine Frau begleiten,
die noch dazu verheiratet ist und in der Gldani-Siedlung* wohnt,
das ist nun das Letzte, was ich wollte – irgendwo in der Gldani-Siedlung,
da kann man sich ja auf der Rückfahrt gleich erschießen,
wenn man dann allein im Taxi sitzt.

Sie habe sich zu ihrem Vierzigsten geschleppt
wie eine müde Bettlerin zu einem fremden Tor.
Sie mag womöglich auf ein Wunder warten,
stattdessen stürzen an der Wohnungstür ihr Mann und ihre Kinder
lauthals schreiend über sie her, der Mann mit dickem Kopf,
die Kinder Parasiten, die ihre Sachen rumfliegen lassen
und ihren Tee bis auf den letzten Tropfen leeren,
ihretwegen
muss sie tausend Klinken putzen gehen.
Gott, schau uns an,
uns alle,
wie schön wir sind, wenn wir allein sind!
Sie wurde ausgesaugt
und leergepumpt,
doch sie,
die für ein Fest bekleidet war,
ist liebeshungrig, immer noch.
Gott, schau uns an,
wie rachsüchtig wir alle sind
in unserer Einsamkeit!
Die ganze Fahrt schon klebte sie an mir,
zuerst wie eine Hündin,
die nur Körperwärme will,
sie fürchtet aber deine Reaktion,
eine vorsichtige Hündin,
die auf jede Regung achtet...
dann aber ist sie eine wilde Rebe,
und wehe dem, den sie umschlingt!
Stark ist ihr Wunsch
und Zangen ihre Beine,
und ihre Arme überraschen...
Doch, wie das Sprichwort sagt,
dem Ertrinkenden
reicht der Fluss keinen Strohhalm!

---

* Vorort von Tbilisi

Und es schmeckt auch nicht so schlecht,
wenn du schon der Meinung bist,
es bedeutet dir nichts mehr,
und dann entdeckst – du bist noch brauchbar!
Und wir alle,
unsere ganze Freundesbande,
bringen uns
bis an den Rand,
bis wir einfach nicht mehr können,
und wir lassen voneinander,
um neu zu Kräften zu gelangen ...
Und es schmeckt auch nicht so schlecht,
wenn du dich zu Hause fühlst
wie ein vom Wind getriebenes Blatt ...
warum meinen wir,
ein dürres Blatt
an gut geschützter Stelle
sei glücklicher
als eines,
das der Wind
nach seinem Willen trieb.
Und es schmeckt auch nicht so schlecht,
wenn du dich auf einmal
im Badezimmer wiederfindest
und dich gründlich wäschst
an allen den geküssten
und berührten Stellen,
und du preist das Wasser,
preist den, der das Wasser brachte,
preist den, der das Wasser schuf ...
spät in der Nacht ist es,
aber du wäschst und wäschst dich,
Schultern, Bauch und Unterschenkel ...
und das Wasser fließt und singt an dir entlang
und wieder fließt es, wieder, noch einmal ...
Ist das nun
die Vergangenheit?
Ist es die Gegenwart?
Die Zukunft?

Die Zukunft geht doch nicht an unserer Seite,
sie lässt sich dazu nicht herbei!
Wegen ihr muss man sich plagen, sie lässt sich bitten, will erobert sein...
Die Gegenwart hat uns im Griff,
und die Vergangenheit tragen wir mit...

Wie macht man einen Menschen fertig,
wie frisst man ihn am besten auf?
Mit den Riesenkauwerkzeugen?
Jeden seiner Splitter knabbernd?
Oder lieber langsam saugend,
zergeht er süß, wenn man ihn lutscht?
Was treibt ihn an den Rand der Kluft?
Flieht er vor dem bösen Wolf?
Treibt ihn der Fuchsstank vor sich her?
Oder nimmt ein feines Geißlein
ihn auf die frisch gesprossenen Hörner?

Auf mich ist noch kein großer Stein gefallen,
ich bin mit Sand und Steinchen zugedeckt.
Jede Minute und Tropfen für Tropfen... Jede Minute und Tropfen für Tropfen...
Ist das nun
die Vergangenheit?
Ist es die Gegenwart?
Die Zukunft?

Wenn wir das Wesen eines Dings begreifen wollen,
müssen wir es reglos vor uns haben...
Aber ein Mensch, der reglos ist, wird zu einem Gegenstand.
Wenn du beginnst, in dir
nach einem Sinn zu suchen –
entdeckst du einen Gegenstand.
Jawohl, du bist ein Gegenstand,
wenn du dich nicht regst, wenn du nicht spielst...
So auch das Wort,
damit wir es verstehen,
muss es zuerst in unserer Seele sterben –
sprießen kann es erst danach.

Ein neues Wort – ein neuer Tod
und eine Neugeburt...
wieviele tote Wörter
sind seit der Geburt in uns?
Wir verwandeln uns in eine Wiese,
die nur aufs Verwelken wartet...
Wie die Blumen werden wir
(welche Übereinstimmung) in Erde übergehen,
und das wird man als Tod bezeichnen...
Die Wörter bleiben...für gewisse Zeit...
namenlos,
so wie Insekten einer unbekannten Art.
Aber in der Zwischenzeit
entflammt ein neues Feuer, eine neue Seele...
so dass du keinen Sinn erfährst
von etwas, das sich nicht bewegt.
Und was ist das, was sich nicht regt?

Wir alle brauchen Geld, mein Bester,
sprach Armena, der Friseur, mit leiser Vorsicht.
Dieser alte Dichter
war den ganzen Morgen schon auf Kohlesuche,
trieb sich lange im Verlagsfoyer herum
und machte endlich seinen Abgang.
Hat er was gekriegt? Oder ist er abgeschmiert? Das fragten wir uns gar nicht,
wir lachten nur noch über ihn.
Gegen Abend flanierten wir entlang der Gogoli*,
plauderten, parlierten,
glotzten in die Frühlingsfenster...
Wir hörten ein vergnügtes Lied – und dann staunten wir nicht schlecht:
An einem Tisch, da saßen
drei Frauen und noch jemand anders – unser Dichter,
die Gitarre vor der Brust, und er spielte, was das Zeug hielt,
er war berauscht, erhaben, exaltiert.
Der stille Dichter, der am Morgen noch auf Geld aus war, für seine Medizin,
der alte, mittelgute Dichter,
der Wascha-Pschawela** noch mit eigenen Augen sah
und befreundet mit den Symbolisten war.

---

*   Straße in Tbilisi
** Wascha-Pschawela (1861–1915): georgischer Schriftsteller und Naturphilosoph

IV

Nimm irgendeinen Tag
von diesen dreihundertfünfundsechzig,
oder wie viele Tage hat das Jahr nochmal,
es gibt die unermesslichen Jahrhunderttage
und solche, die so unansehnlich wie die Schnaken sind –
uns bleibt dann nicht mehr als ein Falterleben,
hier sind wir gelandet, hier sind wir, nun sind wir da!
Aber wer weiß schon, wie ein Falter rechnet?
Vom Schatten bis zur Blume, Tau zu Tau,
von der Blume bis zur Blume – wieviel ist das noch genau?
Und alles dauert
von Sonnenaufgang bis zum Untergang.
Nicht drei Tage lebt der Falter, sondern ein Jahrhundert lang.

Sind wir nicht selber auch
am Abend älter?
War wirklich alles ohne Sinn?
Habe ich nicht Tag und Nacht gedacht?
Habe ich nicht auch geträumt?
Habe ich nicht auch geweint?
Sah ich nicht die blonden Sterne an?
Weckte mich die Sonne nicht, wenn sie durch das Fenster schien?
Stand ich nicht auch im Maisfeld
in der Nacht, als jener Mord geschah?
Als mein Herz begann, wie wild zu schlagen!
»Drei Brüder wohnten dort«
(vergiss den Vater nicht),
»Drei Brüder wohnten dort«
(denk an den Hund)...

Ist doch nicht alles ohne Sinn gewesen?
War ich nicht manchmal glücklich, manchmal nicht?
Und dann?
Ist das irgendwo gesammelt?
Machte jemand Honig draus?
Sah es aus, als sei es Gift?
Wer reicht mir nunmehr diesen Kelch?
Ich sagte es mir immer selbst,
eines Tages wird die Stunde kommen,
wenn dich jemand, oder sei du's selbst
(wer wäre dir denn je zuvorgekommen)
so nebenher am Ärmel zupft und fragt:
Na, wie war's denn so im Leben,
was du auf das leere Blatt Papier geschrieben hast?
Na los, nun spiel es uns mal vor!
Würdest du Greis dich dann erheben, zeigst du es dann, das wahre Leben?
Als ob alles so gewesen sei!

Könntest du alles auf ein Hauptwort bringen,
welches würdest du dann wählen?
Oder würdest du
auf die Gelegenheit verzichten,
die sich oft im Traum schon bot?
Nein, wirst du sagen,
die Last, die ich geschultert und dann abgeworfen habe,
ist genug für einen Menschen.
Diese Ideen stiegen in mir auf,
weshalb mir schwerfällt, noch an sie zu glauben.
Denn:
Der Regen ist nun mal,
wie Regen ist,
er bringt auch Wind – und wie der Wind
verschwinde ich:
Doch einen, der so ist wie ich,
den möchte ich schon selber
einmal kennenlernen!

Schon zweieinhalb Jahrtausende
sind hingegangen
seit den Helden des Homer,
und wenn du ohne Unterlass
Tag und Nacht am Meeresufer gingest,
so würdest du doch keine Stimme hören,
keiner gibt dir einen Rat,
keiner gibt dir ein Diktat.
Du musst es alleine klären,
selber einen Ausweg finden
aus der tausendfachen Wirrnis...
leer, erschöpft und ausgelaugt
kehrst du heim bei dieser Sommerhitze,
legst dich hin und liest ein wenig
und beginnst, die Sätze fortzuschreiben, die ein anderer begann.

Das ist Leben: Sätze fortzuschreiben, die ein anderer begann.

V

Viel hab ich geredet,
habe mich verschwendet,
Wörter...Wörter...
allesamt daneben,
mal rechts vorbei, mal links...
das Herz dagegen ist unteilbar,
unantastbar ist das Herz,
deines, mein Leser,
meines, mein Leser!...
Vielleicht besuch ich euch nicht mehr,
ich bekomme schlechte Laune,
vielleicht streichele ich euch nicht mehr,
beiße nicht mehr,
spare mir den Scharfsinn,
klingele zur Mitternacht nicht länger an der Tür,
unterlasse süße Worte,
spare mir die Bitterkeit,
ich bin betrübt, als ob ich stürbe,
meinen Abschied von euch nähme,
wo kommt nur meine schlechte Laune her!

Ich gehe fort aus diesem Leben,
ich verstand nicht viel von ihm,
nur so viel hab ich verstanden
und nicht eine Zeile mehr,
dass ich fort aus diesem Leben gehe,
ich verstand nicht viel von ihm.

VI

Aber die morgendlichen Busse
fahren immer noch mit Licht
und sind feucht noch vom Garagentau,
der Morgen dämmert, und die Sonne blinzelt ungenau.

Gut sind diese Menschen in den Morgenbussen,
noch ist der Schlaf an ihnen und der Druck der Kissen...
die ersten Blicke prüfen ihr Gewissen,
die ersten Worte und Gedanken.
Alles sehen sie als erste – wie die Stadt
sich über Nacht verändert hat.
Ein ausgebrannter Kiosk, so ein Zeitungsstand,
von seiner eigenen Hitze ausgebrannt!
Doch steht noch brav das eiserne Gerüst
und an der Eisentür hängt noch ein Schloss.
Im Schlummer schaue ich auf diese Stadt, die ihre Augen noch geschlossen hat,
und selbst die Mülltonne, die auf den Kopf gefallen ist,
ist eigentlich nicht umgekippt und nicht auf den Asphalt gestürzt,
sie wurde mit der Morgendämmerung geboren.
Wo sind die Schöpfer dieser Nacht?
Gott, ich hasse es, wenn man mich als »Er« bezeichnet...
»Schläft er immer noch?«, erkundigt sich der Wirt,
und ich, im Nebenzimmer, stellte mich schlafend,
es tat mir leid um meinen guten Namen,
doch hasste ich den Wirt mitsamt der Sauferei, in jener Nacht.
Im Morgenbus ist niemand unwichtig –
lauter Persönlichkeiten – alle miteinander!
Auch Stewardessen
sind doch Menschen!
Sind keine Käfigpapageien!
Sie kamen aus dem Bett wie unsereiner,
und beinah hätten sie sogar den Bus verpasst.
Ich schaue ihnen in die Augen, so wie ein Novize
und großzügig lächeln sie mich an.
»Ach! Och! Huch! Uff!« – um Erinnerungen auf Distanz zu halten,
von der unliebsamen Art, muss man sich an solche Laute halten!
Sie ließen mich noch nie im Stich,
sogar im Schlaf verrieten sie mich nicht...

Sogar im Schlaf?
Wie sie diesen Mann umarmte, wie sie ihn liebkoste,
dessen Ehre ich nicht einmal leugnen kann.
Wie eine Hündin schmeichelte und schmiegte sie sich an,
aus Furcht, er ließe sie vielleicht nicht ran,
sie schmeichelte geradezu erbittert
und meine ganze Ehre hing an diesem Mann…
Wenn du erwachst,
was willst du dann von so einer Frau?
Wie strafst du sie, es war doch nur ein Traum!
Doch warum wirkte sie dann so natürlich?
So eine sah ich doch in Wahrheit nie!
Wie hatte ich sie nur gezwungen, ließ sie eine Rolle
spielen – in der ich sie doch niemals sah?
Im Rückspiegel des Busses taucht die Sonne auf.
Nun erstrahlt sie über allem, wovon ich meinen Abschied nehme –
von der Erinnerung und was geschah, von allem, was ein Fehler war,
Kummer, Kindheit und den Träumen, von der Liebe und den Freunden,
von jenem Vogel auf der Leine, von dem Mann am Wegesrand
und zuletzt noch von der Träne, die ich an meiner Wange fand.

Der Bus rast unbeirrt auf seinem Weg.

Diese Menschen werden mich vergessen, so auch dieser Busch,
denn die Erde unter unseren Füßen dreht sich
immer weiter, und das spüren wir sogar im Bus.

Minuten
und
Sekunden

Wie kann ich Menschen nur begreiflich
machen, wie es wäre, wenn ich nicht mehr bin,
und dennoch da in einer anderen Sphäre, weil mein Lied
die Sterne überspannt wie ein hochheiliges
Liebesband, ich selber aber in Finsternis stürbe und
keiner da, der mich beweinen würde.

Minuten und Sekunden

***

Mutter, sage doch diesen Feldern, den Hügeln und Bergen,
den Dörfern und Städten,
den Frauen und Kerlen,
sie mögen dir deinen Sohn zurückerstatten.

Reiß ihnen allen ein Teil von mir ab
und sammele alles in deinem Schoß,
mache dich los.

Irgendwo auf der grünen Wiese, im Baumschatten, an der Quelle, setze dich nieder
und füge mich wieder.

***

Oh wär ich allein und ungestört,
was hängen die Wände mit Gesichtern so voll!
Wenn das auch hier mein Haus sein soll,
so fühle ich kaum, dass es mir gehört.

***

Eine Hure und ein Dichter,
beide aus demselben Dorf,
sitzen wir in der U-Bahn beisammen,
als kennten wir uns nicht beim Namen.

***

Als könnte es selbst dem Himmel gut passen,
sich einfach mal so fallen zu lassen.
Wir jedenfalls, wir lassen uns sacken
und strecken alle Viere von uns,
so kann der Schlaf uns besser packen.

***

O weh, der Tag wird sicher kommen,
erst schauen sie einander an,
dann stürzen sie sich ineinander,
als wär ein Strudel da, wo sie sich mischen,
sie werden flüstern und mit Worten werfen,
sie werden lachen und sie werden zischen,
sie werden sich als Ebene ergießen und in die ganze Welt ausfließen.
Wundern solltest du nicht zu sehr,
was du dir stets als Gipfel aller Dummheit dachtest, existiert nicht mehr,
weil sie nach ihren eigenen Regeln handeln –
und nun sieh zu, dass sie dich nicht erwischen, sonst bist du verloren!
Sie haben dazu tausend Augen, tausend Ohren.

***

Dann aber ist der Rekonvaleszent erstmals gewaschen und wieder gekämmt.
Man stellt ihm einen Stuhl nach draußen, in die Sonne,
setzt ihn drauf.
Er legt die Hände auf die Knie
und betrachtet, wie der Hof daliegt, tastet mit den Augen auch die Bäume ab –
und sein Blick sucht
nach den fernen Bergen, und er schweift dem fernen Himmel zu.

***

Immer lauert der Blick, allzeit bereit,
sich in den Blick des Adlers zu verwandeln,
denn jederzeit kann doch ein Fremder hier des Weges gehen,
und warum sollte er uns bei den Sträuchern dann still sitzen sehen!

***

Mutter, nur Mut, gebäre uns endlich,
und wenn uns das Leben dann doch nicht gelingt,
werden wir uns zu maskieren wissen.

***

Wem schon ein kleiner Graus genügt,
sich aufzuregen,
dem wird der Herrgott keine große Plage schicken.

***

Was freust du dich, Dezemberrose,
siehst du denn nicht, wie leer der Garten ist,
siehst du denn nicht, wie kahl die Bäume stehen?
Wenn dir das Glück hold ist, was kamst du hier zur Welt,
warum bestandest du auf dieser Erde?
Was wartest du nicht, dass es Frühling werde?

***

Vielleicht, wenn ich zu fernen Sternen ginge
und mir viel Zeit mit meiner Rückkehr ließe,
und wenn ich dann käme, wird man mir erzählen:
»Alles in Ordnung hier, du kannst übernehmen.«

***

Wenn du so ganz allein bist, nur mit dir,
am Tisch sitzt, einen Bissen kaust,
wie kommst du dann darauf, dass du verlassen wurdest,
wart ihr denn irgendwann zu zweien hier?

***

Warum seid ihr verschwunden, Träume,
auf und davon in alle Richtungen, wie die Herde eines Waisenjungen,
was habt ihr mich auf diesen Stein gesetzt, die Augen voller Tränen!

***

Als du die Treppe des Verrats betratst,
woran hast du gedacht?
Als du die Mohnblumenwiese passiertest,
was hast du da gemacht?
So oft wir unseren Sturz im Nachttraum sehen,
einmal wird es in Erfüllung gehen.

***

Was gehst du noch umher, du Lahmer – wozu das?
Bleib doch in deiner Klause, Bruder, und denk nach.

***

Sternklar ist es, eine stille Nacht.
Eine Frau schläft seelenruhig.
Ruhig schläft in dieser Frau die Frucht.

***

Dieses Leben... wenn es nun auch schwindet,
so bleibt mir doch, was ich von Herzen liebte,
was mir bestimmt war schon von Anbeginn.

***

Wie kann ich Menschen nur begreiflich machen,
wie es wäre, wenn ich nicht mehr bin,
und dennoch da in einer anderen Sphäre,
weil mein Lied die Sterne überspannt
wie ein hochheiliges Liebesband,
ich selber aber in Finsternis stürbe und keiner da, der mich beweinen würde.

***

Und hätte nicht ein Mönch bloß sagen können:
»Pfui – doch denken muss ich daran immer!«

***

Und so kam es dann am Schluss:
Ich trieb sie alle miteinander
hinein in eine Bauernscheune.
Den Schlüssel hatte ich alleine
und wollte endlich einmal mutig sein.
Ich schleuderte ihn ganz weit von mir,
bis er ferne, auf dem Boden des Vergessens, aufschlug.

***

Die Mutter, gewiss, die vermissen wir alle.
Aber nicht die mit dem Damenbart,
jene eine – die große Mutter,
die unter ihren Augenlidern unsere Schande aufbewahrt.

***

Das war im letzten Jahr, wie schön,
im letzten Jahr, da ist so viel geschehen.
Nun aber hat schon der April begonnen
und keiner ist mich stören gekommen,
nicht einmal ich selber.
Und mich drängt es nach nirgendwo.
Ruhig spitze ich die Bleistiftmine.

***

Er lachte und hielt sich die Hand vors Gesicht,
damit dieses jähe flüchtige Gefühl
niemandem erkennbar wäre,
auch dem Zeugen seiner Plage nicht.

***

Er stieg die Stufen des Amphitheaters
langsam herab, es waren so viele,
und Beifall und Pfiffe von beiden Seiten
erntete er im Vorübergehen.
Selten hat man die Römer anders als ausgeglichen gesehen.

***

Das ist dann eben deine Meinung –
doch dafür hat man ja den Hinterkopf,
um sich daran zu kratzen!

***

Ich vergessene nie
den Ort, wo ich dich sah,
so wenig wie ein Wolf vergisst,
wo er erlegt worden ist.

***

Wenn nun die Zeit der Läuterung käme,
wovon sollte man uns dann erlösen?
Mein Freund, du rechnest nur mit deinem eigenen Bösen,
doch wenn du die Übel der anderen wüsstest, du würdest verrückt!

***

Man hatte einen Mann gesehen, der eine Minute lang Pause machte.
Und jeder dachte:
wie gut muss es ihm gehen!

***

Es war nicht die Glut der Morgensonne,
die in meinen Augen brannte,
und nicht die leichte Brise machte, dass ich mit den Tränen kämpfte.
Ich traf nur einen, den ich kannte, und sah, wie schlecht es diesem ging.

***

Glücksaugenblick, was soll ich nur tun,
wie halte ich dich
und wandle dich in ein Jahrhundert um,
wie zwing ich dich, bei mir zu Hause alt zu werden?

***

Der Psalmenleser holt tief Atem
und schaut nach draußen durchs gekippte Fenster,
wo der Tag ausharrt.

***

Drei Mädchen, drei Rosen, dreifach schöne Zier
wie vom breiten Strand des Paradieses,
wie glücklich sie sind, nur sich selbst gehören,
nicht einem Marmor oder einer Gravur.
Sie wollen gar nicht unsterblich sein,
nicht eingefasst in irgendeinen Rahmen.
Sie sind lieber hier, gleich unterhalb unserer zitternden Brust,
auf dieser Straße, dem Weg, den wir kamen.

***

Ein Ritter bin ich und reite mein Herz,
geb ihm die Sporen und reite,
he-hei! kommt heraus und seht mich nur an,
fehlt euch jemand, dann bin ich der Mann,
fehlt euch der Gatte, der Freund, das Kind,
ich bin der Erwählte und schon unterwegs,
rittlings auf meinem Herzen.

***

Nein, auf diese Weise alt zu werden, ward er nicht geboren.
Man soll nicht seine Rippen saugen
auf den langen Korridoren.
Ich will ein anderes Bild für ihn.
Pfad, der sich zieht am grünen Berghang hin.

***

Ich schließe die Augen
und schlafe so süß,
weil du nun meine Gefangene bist.
Sorgsam decke ich deine Lider,
doch meine Tränen am frühen Morgen
öffnen dir schon wieder die Tür.

***

Über meinem Giorgi grünt das Moos der Einsamkeit,
unter Dornen, Gras und Stacheln wurde er schon ganz zertreten,
kein Sonnenstrahl dringt bei ihm ein,
kein Licht des Tags
und nicht die hellen Augen einer Frau,
weil ihn der Hut des Krokodils verbirgt.
Sogar der letzte Hase ist aus seinem Strauch geflohen.
Und auch wir Freunde wollen nicht mehr nach ihm schauen,
weil keine Frucht uns dort verlockt,
und ganz allmählich
sind wir schon selbst von Moos bedeckt.

***

Nun schläft er,
aber nirgends Sterne,
die an seinen Lidern stünden.

Wir haben ihn jetzt abgenommen,
doch nicht vom Kreuz –
lange Zeit hing er am Fleischerhaken
in dem Labyrinth des Schlachthofs,
sein Leib stieß gegen tote Schafe.

Nun schläft er,
aber keine Trauerweide, die an seinem Haupte stünde.
Und er schläft mit offenem Mund.

***

Mutter – immer leise
und auf Zehenspitzen,
wird
dem Kind wohl etwas Gutes tun.

***

Zeige dich, Himmel, tue dich auf!
Was dachtest du? Vielleicht ja auch,
wie der Wal noch einmal seinen Rücken
aus dem Wasser hebt, bevor er untertaucht.
Wie sich der Bach verbirgt in trockener Erde...
wie deine Zunge... er schmeichelt dem Wasser,
zeigt seine Schwanzflosse her – weg ist er.

***

Hättest du hier einen Monat lang mit geschlossenen Augen gelegen,
dann wäre kein Engel hineingeflogen
und keine Schlange gekrochen gekommen.
Sie kamen ja nur deinetwegen,
Überraschung, Freude und Angst, alles musst du dir selber holen.

***

Und als ich schon dachte, gleich gehe ich schlafen,
weinte das Kind plötzlich auf –
wie konnte ich es nur alleine träumen lassen!

***

Gewissenhaft, wie ihr nun einmal seid,
vergesst nicht, wenn ihr im Herzen grabt,
dass ihr noch Erde zum Zuschaufeln habt.

***

Könnte ich doch diesen Mann hier waschen
und am Tisch Platz nehmen lassen,
könnte ich ihm warmes Essen holen
und gestützt auf meinen Ellenbogen ihn betrachten,
wie er vergnügt die Augen schließt,
wie seinem Körper neue Lebenskraft entsprießt
und seinem Herzen – Hoffnung.

***

Manchmal sage ich schon über mich selbst:
Schaut nur, er steigt aus!
Ein Mann ist ja die Stimme seiner Schritte.

***

Wie mitten auf dem Wege, wie beim Pflügen,
wie in der Umarmung...
die Knie werden steif, die Hände kraftlos,
und die Leidenschaft erlischt.

***

Mir wurde abgesagt, es kam ein klares Nein,
man warf mich auf die Straße, mit dem Wind allein,
doch in der leeren Stadt bei Mitternacht
war dennoch ein Gesang, und klang so schön...
wie schön, dass du nicht ganz der ihre bist,
so wenig, dass man dich in die Verbannung schickt.

***

Man sagte mir, der Mann sei tot,
und man erzählte mir aus seinem Leben.
Sein Schicksal muss dem meinen ähneln...
Was soll ich tun, die Achseln zucken?
Die Hände in den Taschen, still nach Hause gehen?
Was ist dann aber, wenn sie mich sehen, und Geschrei anfangen?
Ich bin doch tot!

***

Woran man die Georgier erkennt?
Man sieht sich bei Beerdigungen
oder im Konzert.

***

Was kannst du diesen Tagen sagen, meine Freude,
du glühst so stark, du funkelst so!
Und jene Tage sind jetzt – wo?

***

Jemand sang so falsch und schief,
dass es mir
mein schönes Lied wachrief,
das ich tonlos in mir trage.

***

Er wünschte sich so sehr, das Leben
sei mit ihm nicht ganz so streng gewesen,
denn ihm gefielen immer schon
Mäßigkeit und Stagnation.

***

Die Natur baut sogleich eine Höhle,
sobald zwei neue Verliebte auftreten,
und hüllt sie ein in eine dünne Haut,
wie leichter Nebel, wenn es friert.
Uns aber warnt sie: nur nicht berühren –
die gehören mir!

***

Und als Jona seine Frau
nackt sah, zuckte er zusammen!
Und nahm von nun an Abschied von allem.

***

Wehe über dich, du Armer,
der du in meiner Spur erwuchst – mein Name.
Wehe über mich, gleichviel,
in meiner Schande aufgeschossener Stiel!

***

Mamkoda* stürzte im Nebel ein,
da hob ein Wehklagen an,
doch hätte es mich auch gefreut,
wenn eine Lawine das Dorf überkam.
Den schönen Bruder meiner Mutter
haben sie dort umgebracht, aus Neid.

***

Wer ist so kühn
und hält viel Unrat aus,
um selber rein zu bleiben, wie der junge Mann,
der aus dem Wasser stieg und sich nun in der Sonne trocknet.

***

Wonach suchte die Hand in der Tasche,
was fasste sie an?
Noch ein paar Herzschläge, dann
strecken diese langen, weißen Finger sich im Sonnenlicht
und nehmen ihren Platz ein in der Welt –
ihn gab es vorher nicht.

***

Der sich den Dorn eintrat und der ihn zog,
sie sind miteinander für immer versöhnt.

---

*   Dorf im Osten Georgiens

***

Wäre eine Schöne weggesperrt, in einem Kerker hinter sieben Schlössern,
könnte kein Männerblick sie je begehren,
und sie brächte ihr Leben zu Ende,
ohne das Männerstöhnen auf dem Gang zu hören.

***

Schaut dieses schmächtige Mädchen nicht so schief an,
meint ihr vielleicht, sie kann den Liebeskranz nicht flechten?
Ihre dünnen Beine können so die Liebe wringen,
aus vollen Schenkeln die Lawinen zwingen,
wie man es sich kaum erträumen kann.

***

Ich geb mir alle Mühe, ihnen einzugeben,
dass sie ihr altes Bild behalten, von mir und meinem Leben.
Lassen wir doch alles, wie es früher war!

***

Wenn die Stimme des klaren Baches
in dir die schlummernde Angst hochspült –
als hättest du die Flut gerochen!

***

Unerwartete Wiese im Wald,
als wäre sie dafür geschaffen, die Herzensfinsternis zu bannen...
und dann die Quelle, wo ich durstig trank.
Wie glücklich bin ich. Wie wenig ist der Mensch!

***

Eine Jungfrau ist mir fortgelaufen in den groben Menschenhaufen
wie ein Bergbach, der sein Bett verließ,
und sich in acht nimmt, nicht fremde Ufer zu berühren.

***

Traurig bin ich und langweile mich
in dieser Wohnung,
aber auch in dem Haus,
das bis heute noch niemand gebaut,
niemand kümmert sich mit liebevoller Hand,
niemand starrt die Zimmerdecke an,
niemand stellt dort Blumen auf das Fensterbrett.

***

Die Kraft, die wir gerne gegen ihn richten,
haben wir von ihm erhalten.
Wer ist er?

***

Sie schlossen die Türe hinter sich zu und gingen.
Und klemmten in die Tür meinen Blick,
der mit ihnen ging.
Den Strahl zerschnitten sie.
So ließen sie mir mein Gesicht zurück,
gespannt in den Rahmen der Erinnerung.
Auch das hätten sie besser mitgenommen,
ich kann es nicht länger brauchen.

***

Wie sehr will ich von all jenen fort,
die nichts zu sagen wissen als das alte Wort.
Fängt niemand hier das Leben mehr von vorne an?

***

Wenn ich alle nur möglichen Varianten deines Todes berechne,
besteht dann noch irgendeine Gefahr?

***

Zug, der aus dem Tunnel fährt —
wer könnte ihn betrachten
mit Neandertaler-Augen?

***

Einmal, bei Sonnenuntergang, warum auch immer,
zeigten Sie sich mir, die Hand an den erschöpften Stier gelehnt...
und er versucht, sich Ihnen anzugleichen,
und im Stillen hat er Angst vor der Sekunde, da Sie fortgehen.
Und er begibt sich in den Stall,
um sich die ganze Nacht mit Ihrer Schönheit zu vergleichen,
so wie er in der Jugend war, nicht jetzt,
als er sich mit gesenktem Kopf herumtrieb,
blöde vor Leidenschaft,
als schaue er Ihr Bildnis an
im Erdenspiegel.

***

Besarion Kharanauli* –
vernimmt man diese beiden Wörter,
so scheint die Rede von zwei Bergketten zu sein,
doch es gab mal einen anderen Besiki,**
ein so beneidenswerter wie geplagter Mann,
nach dem im achtzehnten Jahrhundert
die Damen mit der Zunge schnalzten.
Teppiche bewahrten seinen Schritt –
das alte Herzensdröhnen
und das Pochen fiebriger Schläfen ...
alte Schlummerkissen, Goldbrokat,
alte Pergamente, unter alledem liegt er begraben.
Besiki ... Besarioni ...
Wie bargen sie ihn unterm Ohrläppchen,
in ihren Augen, ihren Haaren,
wie schützten sie ihn vor Gefahren, aller Qual,
verstecken ihn im Ärmelaufschlag, zwischen ihren Brüsten ...
Besiki ... Besarioni ...
Süße Klänge, ausgeschüttet auf abertausende Korallen,
aus tausend Kissen konnte man sie atmen ...
und auf den Lippen und im Mund der Mädchen zergingen sie wie Kandiszucker,
bröckelten und krachten,
wenn sie dem süßen Atem folgten,
von lieber Spucke angefeuchtet,
und glänzen konnten wie Kristalle ...

***

An tausend Orten bin ich gewesen,
band mein Pferd an tausend Zäunen fest,
ließ allerorts
von meinen Masken eine.
Die des kühnen Jünglings hier,
die des alten Säufers dort,
und irgendwo noch die des Feiglings.
Ich selber aber
kam unerkannt durch!

---

*   vollständiger Name des Verfassers
**   Besarion Gabashvili (1750–1791), genannt Besiki, georgischer Dichter und Politiker

***

Lass diese Tage rasen,
ihr Verstreichen
trägt dich nur weiter fort aus deiner Spur,
in die du dich verwandelt hast.
Lass diese Tage flattern,
lass sie fliegen...
nur halt dich an den Schlittenkufen fest.

***

Diese Dreckskerle, die sich zusammenrotten
und ihren geballten Mief ausdünsten,
sind doch nur vom Neid getrieben.
Wenn sie die Köpfe heben und im Rudel zischen,
muss man sich vorsehen,
denn sie könnten einen glatt zerbeißen.

***

Sei einfach da... den Rest vertraue nur dem Leben an,
die Tür wird knarren, wo du bist...
wenn du auf jemand wartest, wirst du zigmal meinen,
dass du seine Schritte kommen hörst...
wenn du dich einsam fühlst, geh auf die Straße,
und tausendmal wird dir dein Name klingen.
Wenn du ein Mädchen willst,
dann warte kurz, du träumst es schon...
sei einfach da, den Rest vertraue nur dem Leben an.

***

Jagt mich nur fort, kommt, setzt mich an die Luft,
damit kein Blick von mir
in eurem heiligen Haus verbleibt.
Sagt mir ein süßes Abschiedswort, mich zu geleiten,
seid strenger noch! Die Wahrheit steht euch ohnehin zur Seite.
Mir bleibt ja doch nichts zu entweihen hier,
nur deshalb brannten meine Augen voller Gier;
ach, schmeißt mich doch einfach raus und setzt mich an die Luft,
ich will euch nicht mal meine Spucke lassen –
mein letztes bares Gold ist nicht für euch.

***

Mohikaner, sprach der Gott zu ihm,
womöglich hast du recht
in deinem Zorn auf mich, aufgrund der Qual,
die darin liegt, dass auf die Glücksminuten,
die ich dir gewähre,
nicht zu bauen ist.
Recht hast du, wenn du mir mitteilst, dass du müde bist,
aber kannst du mir verraten, wen ich auserwählen
und auf wen ich schauen soll?
Wird nicht ein Winzer tausende Amphoren achtlos meiden,
bevor er jene wählt, die einzig richtig ist?
Werden die Hände eines Töpfers nicht erzittern,
wenn er fühlt, dass ihm ein Krug mit einem wunderbaren Hals gelungen ist?
Genauso habe ich dich ausgesucht,
doch nicht aus Ruhmsucht, Tücke, Nettigkeit,
ich nahm nur alles, was zur Hand war,
und stopfte es in dich hinein –
auf dass jeder sehe, was mein eigen ist!
Ein Rosenstrauch, ein Feuer – doch keines davon hast du auserwählt!
Ich habe mich davon nicht trennen können!
Aber, Mohikaner, sprach der Gott ihn wieder an,
siehst du irgendjemanden, in den ich fahren kann?

***

Wörter, falsch und trügerisch,
die unser Denken, unser Meinen eigensinnig uns entfremden,
Wörter von der Art,
wie wir sie nicht mehr leiden können,
von ihnen haben wir die Nase voll –
Wörter, um nochmals zu sagen,
woran wir bisher niemals dachten.

***

Wenn wir uns einst auch von den Tieren trennten,
so ist aus unserer Urverwandtschaft
doch viel Gemeinsames noch da,
manches auch, das weder wir
noch sie besitzen,
weswegen wir einander für bedeutend halten.
Wenn sie ihre Leiber dem Regen und dem Unwetter aussetzen,
so haben wir dagegen den Regenmantel und den Schirm erfunden.
Doch was die Fortpflanzung betrifft, halten wir es doch recht ähnlich
und bevölkern so die Erde, und die nimmt es gelassen hin.

***

Wenn ich mich mit dem schönen Frühling fülle,
und mich mit ihm bis zum Platzen fülle,
dass ich plötzlich explodiere
und mich in tausend heilige Teile streue,
wären diese Bruchteile der Freude dann genügend für uns alle?

Einer liegt in Agonie

Schrei nur, Morgen, Tagesanbruch, nackt und schutzlos lieg ich hier ... mit wievielen fremden Mächten kommt die Dämmerung zu mir, wieviel Tau und wieviel Schimmer ... alles zuckt, gebiert sich neu, alle öffnen ihre Türen ... es kräht der Hahn, es hustet der Mann. Schrei nur, Morgen, Tagesanbruch, das ist deine Stunde jetzt, der du mit der Fackel leuchtest und die Heere ziehen lässt ... doch ich liege ruhig da, mein Anspruch steckt in meiner Tasche ...

Einer liegt in Agonie

1991

1

Einer schreitet durch die Stadt.
Wenn du ihm zufällig über den Weg läufst,
ganz gleich, wie gut, wie klasse du dich fühlst,
wie mächtig, klug, wie stolz und selbstzufrieden,
wird dein Gesicht sich seinem wie ein Blatt anpappen,
oder anfangen zu klappern wie ein loser Fensterflügel...
Und du wirst es vor Entsetzen ganz mit deinen Händen decken,
nicht mal wissen, ob du es noch hast,
so wütend bist du und so durcheinander,
dass du in den Rücken jenes Einen rufst:
Wer, zum Teufel, bist du?

Und jener Fremde wird sich zu dir wenden,
sein Blick wird dich wie eine Pranke treffen,
und quälend langsam
rührt er die lange eingefrorenen Mienen,
sperrt die mit schwerem Schloss behangenen Lippen auf...

2

Einer liegt in Agonie...
Gestatten, das bin ich!
Oder, um genau zu sein, das ist, wie man mich bezeichnen könnte,
wenn es denn Sitte wäre, Namen zu vergeben,
nicht schon am Anfang, erst am Schluss des Lebens –
wenn man ein anderer nicht mehr werden kann.
Auch Homer kennt man doch nicht von Jugendbildern,
als noch das Licht in seinen Augen war.

3

Mein Fleisch ist, was sie haben wollen.
Fleisch ist, was sie wollen, Fleisch.
Doch gibt es von mir nur noch Knochen.
Sie stehen da, sie warten und sie streiten,
doch gibt es von mir nur noch Knochen.
Manchen passt nicht, dass sie mich verloren,
andern, dass sie mich niemals besaßen,
der Hund aber heult mich in Mondnächten an,
wenn es mir nachts gefallen will, meine Knochen spazieren zu führen.

4

Mein gegenwärtiges Befinden
definiert präzise,
wie ich mich zum Rest der Welt verhalte:
wir hassen uns und strecken uns die Zunge raus.
Die Relationen sind wie die Adressen ganz präzise definiert –
und das gilt auch für die Liebe.
Und das ist nicht bloß diskutabel,
sondern hundserbärmlich.
Umso mehr, weil wir uns besuchen dürfen
und uns nicht verkneifen,
dem Schlummernden unters Kopfkissen zu greifen.

5

Jeder Tag ist ein Verbrechen:
Vor den Heiligen, den Biorhythmen und Homer.
Nimm noch die vier Wahrheiten hinzu,
die vier Jahreszeiten, vier Elemente,
das, worüber Zeitungen berichten,
worüber man im Rundfunk und im Fernsehen klagt.
Nimm auch die Liebe noch hinzu –
bittet eine schöne Maske
mich aus meiner Achselhöhle,
und schon ist sie nicht mehr da …
Nimm hinzu noch,
dass kein Wind geht,
ohne dass er dich zerfetzt
und kein Vogel dich passiert,
ohne dass er blöde glotzt
und kein Affe, der nicht finster stiert.
Nimm hinzu noch deine Seele,
diesen permanenten Pflegefall.
Nimm hinzu noch,
wieviel Kraft es kostet,
ständig hin und her zu gehen,
Rede und Antwort sollst du schließlich auch noch stehen …
dann der Körper … die Hygiene,
schon nach zweiundzwanzig Stunden
musst du ganz von vorn beginnen …
und stets musst du dich selbst begründen,
so lange sie dich auf den Beinen finden …
Die Helden des Homer
schauen hinter Glas vom Hades her
Charon bringt die Toten wieder
auf den trüben Wassern des Styx
und manchmal würdigt er uns eines Blicks
hinter Glas, zum festen Dach hinauf.
Schlecht gebrannten Lehm
kann man nicht noch einmal brennen.
So bleibt er, was er ist:
Schlecht gebrannten Lehm
muss man ihn nennen.

6

Wie versuchte ich sie loszuwerden
und wie liefen sie mir nach,
und mit was für Schimpftiraden
gingen sie mir auf die Nerven –
am Fluss im Sommer, an der Furt fürs Vieh,
und wenn die Frauen winters um das Feuer saßen, mit gespreizten Beinen...
bis ich voll mit ihrem Zeug war, ganz bis obenhin.
Auf welche Weise ward mein Geist in puncto Zähigkeit geschult?
Vielleicht im Dorf beim HNO-Arzt
auf dem wackeligen Stuhl?
Als ich Tapferkeit im falschen Krieg bewies
und mit beiden Händen
krampfhaft nach dem Stuhle ohne Lehne griff
und ihn festhielt gegen meinen Steiß
und die Kinder durch das Fenster starrten,
als man mir die Mandeln rausriss.
Dieser einbehaltene Schrei
steckt mir immer noch im Hals
und die ungeweinten Tränen
wünsche ich mir nun herbei.

7

Schrei nur, Morgen, Tagesanbruch,
nackt und schutzlos lieg ich hier...
mit wievielen fremden Mächten kommt die Dämmerung zu mir,
wieviel Tau und wieviel Schimmer...
alles zuckt, gebiert sich neu,
alle öffnen ihre Türen...
es kräht der Hahn, es hustet der Mann.
Schrei nur, Morgen, Tagesanbruch,
das ist deine Stunde jetzt,
der du mit der Fackel leuchtest und die Heere ziehen lässt...
doch ich liege ruhig da,
mein Anspruch steckt in meiner Tasche...

8

Wie dumm ist einer,
der mich fangen will,
und der schon meint, er hat mich in der Hand,
und wähnt, er liege mir am Herzen, dass ich ihm willig folgen mag...
Wie dumm ist einer,
der zu wissen meint, was in meinem Kopf vorgeht,
was hinter den verschlossenen Lippen steht,
welcher Hades, welches Paradies...
ein falsches Schlupfloch findet sich noch immer,
so wie ein falscher Stuhl,
ein falsches Bett.

9

Mit solchen Leuten sitz ich nicht zu Tisch.
Ich wusste stets, ein Herz zu brechen, oder Furcht zu säen,
also vorsichtig!
Ich raffe meine Bitterkeit zusammen
und mach daraus ein sinnlos großes Buch,
das plötzlich endet, wie mein Leben,
und alle andern
sind noch unterwegs.

10

Es muss der Mensch mit seiner Sittlichkeit
auf steter Augenhöhe leben.
Wenn du aber irgendeinen Mann,
dem die Nerven durchgegangen sind, der nackt und hungrig ist,
geschlagen wurde und gekränkt,
mit forderndem Gesicht
vor eine Tafel mit den Zehn Geboten ziehst –
er wird es nicht ertragen können und daran zerbrechen,
und wenn die Bitterkeit ihm etwas Kraft belässt,
wird er über dir noch einen Fluch aussprechen, dich bespucken...
denn Menschlichkeit und Liebe
sind von gleicher Stärke...
Doch wenn die Liebe Konkurrenz bekommt,
Entzug und Zweifel,
Zeit, Entfremdung,
dann ist die Menschlichkeit nicht mehr zu schlagen:
zur Substratosphäre emporgetragen.

11

In einem Dichter sind Segen und Sünde,
soviel er mit sich tragen kann.
Er treibt sie ein
von Dorf zu Dorf, er sammelt sie von Land zu Land,
und hat er einmal wieder
genug von beidem auf der Hand, setzt er sich hin
und formt Kristalle,
in denen webt, was gärt und lebt...
doch unsere Sünden schenken wir ihm alle.

12

Meine Psychose gemahnt mich an deine,
deine wiederum an die seine,
aber deine
ist noch ganz gut auszuhalten,
was man von seiner so nicht sagen kann…
Abendbrot von gestern lässt sich auch zum Frühstück vespern.
Deine Frau erinnert mich an meine,
doch wäre ich lieber
mit deiner alleine.

13

Wie gab Medea sich dem Jason hin:
Als sie ihn das erste Mal erblickte,
wie er zwischen ihrem Vater und den Brüdern stand,
ließ sie sich rücklings zu Boden sinken,
als schubste sie von hinten jemand mit der Hand…
nun aber alle versammelt waren
und Jason, solcher Ehren unerfahren,
wollte tun, als ob er locker bliebe,
und führte an den Gaumen seine Zungenspitze –
jene Zungenspitze, die sodann
liebkosend an Medeas Gaumen kam.

14

Eine lässliche Sünde ist es,
in Blumenbeeten
auf Minen zu treten.

15

Einsamkeit, ein Reservat
in dem die Einsamkeit allein sich selber hat.

16

Nicht, dass ich
mein Denken und mein Fühlen
nicht mehr potenzieren könnte,
nicht, dass mir
Dieses oder Jenes
nicht mehr zu Gebote stünde,
wie die wilden Birnen in der Kittelschürze –
da steckt noch,
nebenbei bemerkt, dein Notizheft und dein Füller –,
als ob mein Leben
einen Mangel trüge,
füge ich, als Kind, mir alle Tage
immer etwas Neues zu –
davon, was ich gestern wusste.
Doch das ist eigentlich nicht so:
Es sind dieselben Gegenstände – mit der einen, steten Antwort...
Der Baum zum Beispiel, den ich gestern sah,
ist auch heute noch ein Baum,
nur heute ist er einzigartig.
So geht es mir auch mit dem Vogelflug, und mit dem Gesang der Vögel...
Du trägst noch Erde an den Füßen
(vom Regen aus der letzten Nacht)
und querst die frisch gemähte Flur
und der Vogel, der nun deine Nähe duldet,
lässt in dir ein Bild entstehen –
ließe er dich näher ran,
müsste man zurecht bezweifeln,
ob man ihn noch zu den Vögeln zählen kann.
Denn es fehlte gar nicht viel, dass du deine Nase an die seine legtest,
und es fehlte gar nicht viel, dass ihr euch beinahe küsstet,
von Gesprächen, guter Gott, will ich gar nicht erst beginnen...
und dann könntet ihr euch wohl
leichten Herzens voneinander trennen.
Aber nein... es sind ganz andere Dinger,
die dich in der Nähe dulden,
prall, zerrissen, bunt und leer –
Säcke voller Nitrophoska-Dünger.

Und dabei ist es doch so schön,
sieht man die Sonne nach dem Regen glänzend über Felder gehen...
und ich will auf alles schimpfen, was da so metallisch stört,
wie zum Beispiel dieser Anhänger.
Und wenn dann gleich noch ein paar Autos kommen,
bin ich ebenso empört.
Aus der Ferne schauen sie dich an,
so weit man dich auf die Distanz überhaupt erkennen kann...
doch sie täuschen sich in dir, sind nicht so verständig wie der Vogel.
Drüben ist noch jemand da
und hätte dich gern angesprochen, doch dazu ist jetzt keine Ruhe da...
seid ihr zu zweit, so ist die Luft durchbrochen.

17

Ich widme viel von meiner Zeit
den Menschen und denke ernstlich viel darüber nach,
wie sie beschaffen sind und was sie treibt.
Ich lebe so,
als sei ich ganz von einer Vorstellung besessen, die ich nicht mal äußern kann –
was aber stelle ich mit mir bloß an!
Gott, der du mir das Leben schenktest,
das ich zerstöre und verschwende,
hör mich nicht bei einer Lüge an,
wende dein Angesicht von mir, wenn ich nicht gut sein kann!
Gott, sie schmieden meinen Geist aus Eisen,
und mein Herz aus einem Stein!
Gott, ich werde niemand für sie sein!
Was geht hier vor?
Wie, wenn aus einem Zug von Enten
man eine aus der Mitte schießt
und dann die Schar alsbald die Lücke schließt,
so wird es sein.
Gott, wie in den Träumen einer Nacht,
so stimmen auch im Leben bisweilen Dinge überein,
und später ist es kompliziert, die Fäden wieder zu entwirren...
Gott, hast du uns überhaupt erlaubt,
so rücksichtslos mit unserem Leib zu sein?
Dass unsere Kerze bald verbrannt sein wird, ist das denn gut?

18

Einige Möglichkeiten hab ich ausgelassen,
starb nicht mit 23 wie mein Onkel,
auch nicht mit 27 wie Barataschwili*...
ich muss mir meinen Tod schon selber suchen.
Einen Mythos meiner selbst...
Ich werde es erzählen müssen, wie ich sein könnte
oder wollte, wenn ich selber mich erschaffen,
mich selbst im Griff behalten hätte.

19

Keiner sagt dir je die Wahrheit,
weil sie niemandem gehört,
keiner trägt für sie Verantwortung—
kein Priester, kein Gericht.
Sie ist nicht käuflich, man bewertet sie auch nicht,
selbst das Gefäß ist aufgelöst,
in dem sie einst gelagert wurde.
Sie ist mit niemandem befreundet
und der Turm ist eingestürzt,
in dem einmal ihr Hüter wohnte.
Du musst dich auf die Suche machen,
einen Namenlosen finden
und du musst ihn so befragen,
dass ihr euch den Rücken kehrt,
und eure Pfade sollten sich nicht kreuzen.
Kann sein, dass er auf einmal deinen Wunsch berührt,
eine Hoffnung dir zerstört,
du aber hast dein Wort gegeben,
dass er deinen Griff nicht spürt.
Die Wahrheit ist es, die dich führt,
aber die Brücke hat kein Geländer.

---

* Nikolos Barataschwili (1817–1844): bedeutender Dichter der georgischen Romantik

20

Träne der Unschuld, groß wie die Welt.

21

Schon gegen fünf pfeift die Drossel ihr Lied…
Sie steigen um acht in die Wagen ein,
um gegen neun im Büro zu sein.

22

Zwei Porträts,
aber welches ist echt?
Das eine zeigt einen Mann, so ganz nett,
Gesicht poliert wie Apfelsinenschalen.
Das andere sieht wüst und durchstochen aus, heimgesucht von lackierten Nägeln,
Farbe und Form dem Granatapfel gleich,
nachgiebig-mild wie die Leibesfrucht.

23

Traum oder Wirklichkeit, wo ist es besser?
Im Traum selbstverständlich, den dir niemand bestreitet.
Nehmen wir nur das Museum der Hennen,
du wirst durch Museen von Hennen geleitet,
aber du bist so viel ruhiger hier
als in der weiblichen Strafkolonie,
wo der Gedanke sich dir nicht erspart,
dass eine Frau nur geschlossenen Munds
freiwillig ihr Geheimnis bewahrt.
Hier aber stürmen sie aufeinander ein,
beschmutzen einander
und sind wie entfesselt,
wenn du den Mund zumachst, kannst du nicht schreien,
sind ihrer zu viele,
stecken die Köpfe verdreht durch die Gitter,
speicheln die Luft ein.
»Habt ihr gesehen? Das war unsere Henne«...
Schon wirst du zum Saal der Bälge geholt.
Gott, nun habe ich sie erkannt,
deren Gesicht mich wie ein Balg
in meinem eignen Erinnern verfolgt...
Ich dachte schon mein Leben lang, er gehört einer fremden Vogelart an,
hielt ihn für schöner, als er war, nun aber stellt er als Henne sich dar!
Stolz und verführerisch steht sie vor mir,
aber nur aus dem einen Grund:
Leidenschaft ist ihr gar nicht bekannt.

24

Veränderungen. Wie schrecklich sind Veränderungen.
Aber der Wandteppich kehrt an die Wand zurück
nach einer Generation.
Das alte Buffet ist instandgesetzt worden.
Der es in seiner Kindheit anschaute,
wird es im Alter von neuem anschauen.
Veränderungen... Kinder, die du großgezogen hast,
überragen dich wie Berge.
Klein bist du geworden und du nützt nicht mehr
denen, die dein Atem schuf.

Das Licht ward ein- und ausgeschaltet wider deinen Willen.
Wo einmal Samt war,
blieb eine splittrig-raue Oberfläche.
Die Macht ist dir genommen worden,
Herr deiner Wahrheiten zu sein.
Wenn du ihnen Ratschläge erteilst,
klingt es nach Vorwurf, mit gebrochener Stimme.
Zwiegespalten und verwirrt bist du.
Alle Tiere – Katze oder Hund –,
fallen in Treue ihnen zu,
in Liebe und in wechselseitiger Liebkosung.
Die ganze Macht hast du ihnen gegeben,
aber der Kampf entbrennt nun um die Luft.
»Liebe und trenne dich« – deine Devise.
Doch schaffen sie es, bist du tot bist, dennoch nicht,
alles zu erfahren.
Doch wäre dein Heimgang ein Zeichen dafür,
dass die erste Festung schon dem Feind zufiel.
Dein Tod macht ihre Bastionen stärker,
sie werden deine Haut an den Zinnen aufhängen,
ebenso an den Geländern, an denen die Frauen und die Schwiegertöchter lehnen,
selbst an dem Sessel des Königssohns.
»Ein Opfer wurde in diesem Hause geschlachtet,
wir können aufatmen,
unsere Schulden sind bezahlt.«
Dennoch bleibt dir eine Rolle:
Du wirst gebraucht für sekundäre Zwecke.
Du wirst der Schild sein,
wenn es spannend wird im Drama
und der Stamm sich wünscht, dass der Führer vorangeht.
Auch dafür bist du wieder gut.
Doch wenn in dir das Blut der Herde steigt
und du den Instinkten folgst,
wird man dich zwingen, niederzuknien, dann hält
man dich für toll und was auch immer.
Dein Grab wird mehr Respekt genießen
als du selbst.
»Ist Zeit geworden, dass er stirbt!« –
Laut werden diese Worte nicht gesprochen,
doch eine Luft wird herrschen, dass sie daran prallen –
stimmlos wie Seide ist diese Luft.

25

Alles erzählt von uns,
das Wasser und das Lied, von uns
erzählen sie, und fließen.
Aber eins vergisst man immer:
Wir sind nicht, was man sieht, allein –
nur wir allein –
es tönt für uns seit zwanzig Jahren das Glockenläuten immerfort.
»Bring mich nicht um, Avtandil!« So flehte der Vater
zu seinem Sohn, und er versuchte ihm die Hand zu küssen.
Heute sind wir dieser Vater, den wir niemals sahen,
und wir sind auch dieser Sohn, vor dem uns graust,
und wir sind auch jener,
der uns diese Geschichte erzählt, wie Wasser fließt.

26

Soll ich den Tagen und den Nächten,
soll ich den Menschen weiter Glauben schenken
oder meine Seele mit Gewalt befreien?
Sonne, Regen, Wind und Leute,
Hass und Liebe, Frage, Antwort –
eine Falle strickt man mir aus meinen Haaren
und fällt ein Urteil wider mich in meinen eigenen Worten.
Mit meinem eigenen Kopfkissen werde ich erstickt
und meine Schmerzen machen aus mir einen Affen
und ich krieg als Epitaph meine eigenen Verse aufgedrückt,
so dass niemand an mir schuldig wird.
Tag bleibt Tag, und Nacht bleibt Nacht, was auch geschieht –
der Mensch wird weiter seinen Weg zur Vollkommenheit beschreiten
und am Scheitelpunkt von Auf- und Abstieg
jemanden opfern, der mir ähnlich sieht.

27

Wenn du aus dem zwölften Stockwerk springst,
ist denkbar, dass du unterwegs mit Zweifeln ringst,
aber den Irrsinn hast du hinter dir,
der dich die Schwingen breiten ließ.
Mit einem Schrei wirst du herniederstürzen
und dein Wissen mit dem Blut auslöschen...
Für die, die nach dir kommen, gilt sodann:
Das Leben fängt
mit seinem Anfang an.

28

Es wäre doch ganz widersinnig,
wenn der Gott dem Bettler diente,
der Kluge einem Dummkopf und der Mann der Frau.
Nichts ist mir so inwendig bekannt,
als dass ich es nicht täglich neu entdeckte.
Was immer sich betrachten lässt,
ich lasse es für morgen übrig.
Und das geschieht gar nicht aus Einsicht,
sondern nur vermöge dessen,
was der Einsicht sich entzieht.
Diese meine Schuhe sind mit Superkleber felsenfest verleimt,
doch ein wenig Faden wurde ebenfalls verwendet,
und dieser Faden macht sie für mich fest und haltbar,
weil mich der Faden heimatlich berührt –
ist er doch die erste Hilfe,
die der Mensch ersonnen hat, aus Sorge um den eigenen Leib.
Und mir fällt ein, wie meine Großmutter den Faden durch das Nadelöhr bewegte –
wenn sie ihn schief gehalten hatte, glitt er ab
und sie versuchte es noch einmal,
ob nun der Faden auch gut passen wollte,
aber nein...
da legte ich das Buch zur Seite
und wollte wortlos eine Hilfe sein.

29

Siehst du die Sonne am Himmel aufgehen,
ist das der Lohn für Gilgameschs Mühen.
Nur seine Gliedmaßen sind nicht zu sehen.
Durch die Unterwelt musste er gehen,
um das ewige Leben zu finden.
Und was hatte er vorzuweisen, am Ende seiner ganzen Reisen:
Das Himmelstor ward aufgetan
und er kam mit dem roten Ball auf dem Rücken
und einem Lächeln im müden Gesicht...
Höre, Nachfahre, so wirst du leben:
Jede Nacht durch die Unterwelt wandeln
und morgens die Ausreise neu verhandeln,
bis du über die Schwelle trittst,
streichelst dein Kind
und tränkst dein Vieh.
Freuen wirst du dich, singen wie nie, andern den Stab aus den Händen schlagen
und Leid ertragen.
Und dennoch wird dein kurzes Leben
mehr sein, als sich die Götter geben.
Wenn du anderen Menschen begegnest,
wird dein eigener Faden zerrissen, das ärgert dich wohl,
aber wie es geschieht, wirst du nie wissen.

30

Jene Alten musst du imitieren,
die sich nicht durch Jammerei blamierten
und sich nicht andauernd selber zerfleischten...
Niemals hätten sie sich hergegeben, um irgendeinen Verrat zu begehen.
Aber so ganz stimmt das auch nicht,
wenn sich ein einmal gegebenes Wort gegen den, der es sagte, kehrt,
so sehr er es auch einst aus ganzem Herzen sprach,
so altert doch alles und lässt sich nicht wenden...
auch hat dir niemand das Recht gegeben,
fahrlässig zu sein mit dem geschenkten Leben,
mit deinem Leib, dem Diener deiner Seele...
Trug nicht der Herr den Diener einst auf Händen?

31

Wenn du mich verstehen willst, Liebste,
steig in meine Haut!
Sonst kannst du nicht begreifen, was mich schmerzt und freut.
Ich bin so alt,
dass es mir günstig scheint, mit mir allein zu bleiben.
Ich nähre mich von dem, was ich einst war –
Staub von der Straße, Bücher vom Regal…
Ich nehme mit und schleppe mit mir fort,
was jetzt zu mir passt, was ich tragen kann.
Füllfederhalter habe ich genug, und große Gläser voll mit Tinte,
und auch an Heften und Papier besteht kein Mangel.

32

Wie süß diese Schwarzdrossel... und ich,
der ich an dieser Kreuzung stehe:
Soll ich mich an sie gewöhnen, oder lieber nicht?
Sie flog in meinen Hof, als ich woanders war,
nun aber habe ich Lärm gemacht
und ging die hundertjährigen Pfade,
da ist sie in fernere Bäume geflüchtet und betrachtet mich von dort.
Soll ich mich an sie gewöhnen, oder lieber nicht?
Doch wenn aus der Gewöhnung neuer Schmerz erwüchse?
Wenn ich mich nicht an sie gewöhne, dann könnte ich es wohl bedauern...
Ist sie das, vielleicht?
Und nun versuche ich, sie weder aufzugeben noch mich zu gewöhnen...
In derlei Dingen bin ich nicht sehr glücklich.
Zehn Jahre her, da war ein Eichelhäher, ich gewöhnte mich an ihn
und liebte ihn gar treu...
mit seinem Balg muss ich nun vorliebnehmen,
und es vergeht kein Tag und keine Nacht,
dass ich mich seiner nicht erinnerte, in Hass und Liebe.
Dieser für mich ganz makellose Eichelhäher
trachtete danach, dass mir kein Augenblick der Muße bliebe.
Schon früh am Morgen weckte er mich auf
und nervte mich mit derart viel Geschick,
nicht mal seine Federn zitterten –
meisterlich beherrschte er den Trick...
und mir ist nun erst recht bewusst,
wie armselig wir Menschen sind,
weil uns ein sprachloser Moment nicht glückt,
müssen wir uns ständig äußern.
Er inspirierte mich zu Worten und zu Taten
und war ich wieder außer mich geraten,
verließ er mich mit unschuldigem Blick.
Diese Drossel nun, obschon ich der Gewöhnung widerstehe,
weil ich die Last, die sie mir auferlegt, schon sehe:
sie fliegt vor meiner Nase her und hin,
so dass ich ihretwegen ganz in Sorge bin,
und sitz ich am Abend auf dem Balkon,
erwarte ich sie schon mit großen Augen.
Auf einen Gast, der sie nicht lobt, kann ich verzichten.
Ich möchte immer nur von ihr berichten,
damit der Andere letztlich auch ihr Loblied singt.
Nur eines gibt es, das behagt mir nicht:

Wenn sie sich heute in die Lüfte schwingt
und das von mir gereichte Futter nimmt,
beträgt sie sich morgen schon wie eine Fremde.
Und hat sie sich genug herumgetrieben,
betrachtet sie mich forschend, ob
sie nicht doch vielleicht zu früh zurückkam
und mich nicht ausreichend gepeinigt hat.

33

Immer sind die Augen auf der Suche
nach einem Reiz, nach irgendeinem Fund,
wer möchte einfach so schon Augen haben!
Immer ist das Denken auf der Suche –
nach etwas, das es trennen und entfalten oder küssen kann,
um sich selbst emporzuheben...
Und die Liebe ist doch ein Gewinn!
Vertrauen, Leidenschaft und Eifersucht,
zusammen schlafen und zusammen essen –
das ist doch nicht ganz wenig,
was du mit dieser Einen zu teilen dir erhoffst?
Doch wenn sie plötzlich
eine falsche Richtung geht,
das Bett verwaist, das Essen kalt dasteht,
wozu kannst du sie dann noch brauchen!
Wer wird sich schon in mich verlieben, meinetwegen!
Wer verzieh je dem Verliebten, ein anderer Mensch zu sein!

34

Zehn Jahre lang war dieses Ehepaar zusammen –
zehn volle Jahre.
Ob sie nun stritten oder friedlich waren, als sie schlafen gingen,
die Frau griff immer nach demselben Buch.
Sie nahm's und drehte ihm den Rücken zu.
Und es geschah, dass ihr der Mann das Buch wegnahm,
und sie gehorchte ihm ganz still.
Doch nie in den zehn vollen Jahren,
in denen sie zusammen waren,
volle zehn,
fragte der Mann sie je, was sie denn lese.

35

Gewiss,
der Staub, der Sand,
sind flinker als der Berg.
Wie hält der Berg mit ihnen Schritt,
er wird Milliarden Jahre stehen , eh er stürzt,
mit Staub und Sand aber hält er nicht mit.
Menschen mit mittelgroßen Gaben werden immer einen Partner haben,
man einigt sich –
wie machen sie es nur, wie finden sie einander so unfehlbar?
Der Große naht sich ihnen nicht,
und selbst ein großer Trinker,
stellt sich einer ein,
kommt allerhöchstens auf ein Gläschen Wein.
Die Frau, die noch ein anderes Leben hat,
schminkt sich aus Langeweile ab...
Man kommt zum Tee zusammen, oder auch zum Wein.
Alle können sich ganz gut das Maul verbrennen,
nur hingebungsvoll mag keine sein.

36

Schlupflöcher finden sich im Gehirn!
Oder in Gedanken, oder
in der Seele,
bis man wissen wird, wo sich denn Seele und Gedanken befinden.
Ich bin aber nun mal Materialist
und plädiere deshalb fürs Gehirn.
Schlupflöcher finden sich also im Gehirn,
umso mehr, je älter es ist und je müder—
wie ein uralter Zaun steht es da,
Menschen mit Anstand sehen es ja,
aber wo findet man Menschen mit Anstand,
die den Zaun nicht mit den Füßen treten?
Deswegen muss ich es nochmal sagen:
Schlupflöcher finden sich im Gehirn!
Doch wer sich einschlich, hinter die Stirn, den kann man niemals mehr verjagen.

37

Auf allen Kontinenten
dieser Erde
traten die Spielleute den Rückzug an.
Verwandelten sich in Symbole,
Sperling, Drossel, Habicht, Nachtigall,
Adler, Fledermaus, Schwalbe, Storch.
Und sie fristen ein Einsiedlerleben
auf den Wappenbäumen ihrer Gegend...
Eiche, Hainbuche, Hagebutte, Linde, Kastanie, Schlehe...
Hieran sieht man, wo sie wohnen, wo sie bleiben,
weil man an allen hohen und markanten Orten
Mikrophone aufgerichtet hat,
die auf Eisenfüßen thronen
und die Spielleute vertreiben.

38

Morgen gibt es Nieselregen, morgen gibt es Nebel –
und ich muss den ganzen Tag mich selbst ertragen.
Ich muss auch das ertragen,
was nicht nur zu diesem Tag gehört,
sondern zu allen gelebten Tagen.
Nach alledem steht zu erwarten,
dass ein Monster bald erwachen wird –
heißer Matsch rührt sich in seinem Leib,
er ist nur noch nicht ausgebrochen.
Als treibe sich mein unbegreifliches Gedächtnis
zu einer nie gekannten Eile an –
so wie den Mietern eines alten Hauses wohlbekannt ist,
dass unterm Dach nicht deshalb Ruhe herrscht,
weil alles in der besten Ordnung ist,
sondern weil man sie auf dieses Dach nicht lässt.
Was für ein Leben führt ein Eintagsmensch?
Pflichterfüllung für die Existenz.
Der Gedanke, dem er sich verschrieb,
schenkt ihm weder Sinn noch Frieden...
Und sterblich bist du noch dazu!
Sollst du deshalb alles dulden?
Und wenn nicht?
Na dann...
Alles, was du je geschafft,
bildet eine Gegenkraft,
und wird dir neue Sorgen bringen.
So, wie wenn einem unterm Dach,
wenn man unachtsam an etwas zieht,
der ganze Plunder auf die Rübe kracht...
Dies war ein Schwert vormals und dies ein Kerzenhalter,
und dies ein Teil eines herrlichen Sessels...
Als du dich anschicktest, nach ihm zu greifen, weil dich die Neugier überkam,
da stürzte auf dich dieser ganze Kram,
der obenauf gelegen hatte.
Und eine Spinne, Hüterin der Seelen,
wirbelte im Staub auf der Suche nach neuem Obdach,
und so regte sie sich auf:
,Nein, mein Herr, verzichten Sie,
lassen Sie die Sachen, wo sie waren, liegen,
und wecken Sie sie nicht zu neuem Leben...'
Du klopfst den Staub ab und beschimpfst dich selber.

O ihr wertvollen nächsten Dinge,
baut nur eure goldenen Brücken dem, der liegt in Agonie...
er weiß ja nicht, wonach er greifen, was er nun zerstören soll –
welche stillen, altvertrauten und verwandten Sachen –
und er nimmt an ihnen Rache
und trägt doch selber schwer daran, wenn sie verschwinden...
Aus einem herkömmlichen Sonntagsnebel stellst du dir den Montag vor.
Du weißt im Voraus und du siehst vorher,
doch nur so, wie man in einem schnellen Fluss steigt
und sich in einen anderen verwandelt
und der Erfahrung nicht mehr ganz vertraut...
da sind dieselben Wünsche und Probleme...
und du verstrickst dich in ihr Netz als Sklave
wie der nervöse Fötus einst im Mutterleib:
Genug, wenn du den Mund aufklappst
und deine Plage wird zur Plage aller und du bist gehemmt.
Nicht einmal Kopfschmerz lässt man dir alleine,
es scheint, woran du leidest,
daran leiden alle... und es zeigt sich,
dass der von allen Angeklagte
schuldlos vor sich selber ist.

39

Aber der Alptraum, das ist meine Ansicht,
ist so viel schlimmer als die Wirklichkeit:
weil sie den Menschen ja nur einmal tötet,
aber der Alptraum mahnt ihn daran doppelt –
erstens, durch den Überfall bei Nacht,
und zweitens – ist es erst vollbracht.

40

Na, was hab ich denn von dem, was ich erlebe?
Wie, wo, was und wer?
Ich stehe hinter verschlossener Tür.

41

Ich werde jetzt ein paar Minuten diesen ganzen Blödsinn reden.
Dann halte ich Millionen Jahre meinen Mund.
Bestraft mich nicht und lasst mir diese Zeit.
Sie ist alles, was mir übrigbleibt.

42

Herr, nun tue, was du willst,
kannst mich am Leben lassen oder lynchen.
Ich bin zu Ende mit der Liebe und den Wünschen.

43

Jede Nacht verliere ich den Schlaf
und ich verliere das Wachsein bei Tag.

44

Mach die Augen zu, lass los, und fahr dich runter...
Alle machen schließlich irgendwas,
wenn sie mit sich allein sind:
streichen sich die Haare glatt, machen ihre Augen zu,
oder toben, drohen jemand, oder schwingen ihre Faust...
du aber schaffst es ja nicht mal,
den Autoschlüssel abzulegen,
bist schon wieder unterwegs,
weil dich irgendjemand ruft...

45

Verloren hab ich mich und finde mich nicht mehr.
Weder in der Liebe noch im Hass, weder beim Essen noch beim Trinken.
Im Traum nicht, den das Auge träumt, beim Kämmen nicht, im Schlaf, im Wachen.
Verloren hab ich mich an einer Straßenecke,
im Schrank, an einem Mantelhaken.
Steh wieder auf und zeige dich, zeig mich mir selber,
brich auf, reiß auf,
wirbele im Straßenstaub
und wende dich nie mehr zurück.

46

O meine Seele, mein Volk, mein Talent,
bis wann sind wir aneinander gefesselt...
bis wann bewacht ihr mich wie'n blöder Hund,
bis eure Zangen mich endlich zerfleischen
bei jedem Schritt, den ich beiseite gehe.

47

Kreuzigen reicht nicht, um Gott zu sehen.

48

Hätte Christus
das Unsichtbare erschaffen,
hätten die Menschen dann seine Taten erfahren?
Die Menschen glauben an das, was sie sehen,
man bleibt vor dem Marktstand prüfend stehen, unterscheidet unreif und reif.
Brot und Backstein sind nicht zu verwech-
seln, wie ähnlich sie einander auch sind.
Doch was die Menschenseele passiert, wird ohne Anschauung registriert.
Ach ja, die Seele... wir halten sie gerne für einen Vogel,
so ist es uns überliefert, als Rätselwort.
Ach ja, die Seele... hätt' ich sie jemals draußen gesehen
oder in mir gespürt,
ich hätte es euch wissen lassen...
kein Kummer ist sie, keine Freude,
und anders als alles, was man je sah.
Im Grunde ist sie zu nichts
zu gebrauchen,
zu nichts, was Spaß macht, braucht man die Seele –
wenn du in einen Apfel beißt, wenn du umarmst,
geht dir die Seele dann irgendwie ab?
So wie Äste an Früchten schwer tragen,
und niemand wollte sie vorher fragen,
ist über den Menschen die Seele verhangen.
Man wird sie nicht los, wie schnell man auch läuft,
strampelte man auch gegen sie an wie ein ungebärdiges Fohlen.
Sie führt uns zum Grab, nur weiß niemand, wie
sie das nur anstellt, denn noch nie
hat sie jemand dabei ertappt.

49

Nicht für das Leben wurde ich geschaffen,
sondern für die Tat,
die Gott mir anvertraut.

50

Worte gibt es,
deren Kraft sich uns erst dann erschließt,
wenn sie über uns geäußert werden.

51

Wie können wir jenen in der Menge erkennen,
der mit dem roten Mal gezeichnet ist?
Wie können wir in uns erkennen,
was das Allerschlimmste ist?
Und wie erkennen wir das Gute?

52

Dein Widerstand mag mit dem Kleinsten beginnen:
Warum esse ich, was ich nicht will?
Noch besser wäre, überhaupt zu wissen, was so ein Verhalten soll?

53

Ganz gleichgültig, wie lang dein Leben währt,
du bleibst doch immer »er« und »dieser« oder »einer jener«...

54

Sobald dies Land gegründet ward,
hat man den Namen Gottes abgeschafft,
als lebte man in einer Höhle.

55

Für einen Löwen gibt es keinen Höchsten.

56

Gewiss doch sind die Trinker,
meine Brüder, glücklich.
Es steht ihnen alles so gut,
was sie sich liehen, was man ihnen schenkte.
Nur ihre Fratzen verraten sie,
das Einzige,
was sie sich selber vermachten.

57

Genau so bin ich zur Welt gekommen,
mit einem ganz gewöhnlichen Namen.

58

Jede große Marter besitzt auch Momente der Langeweile.
Bei jeder großen Komposition
schaut man schon mal gelangweilt zur Seite.

59

Vergiss nicht!
Du allein bist Prophet deiner selbst
in deiner Heimat und der ganzen Welt.

60

Wer mich anrührt, soll zum Teufel gehen.

61

Und so geh ich leichten Mutes:
Niemand gibt mir etwas Gutes.

62

Tausendmal musst du zu Boden blicken,
um dich einmal kurz zu bücken.

63

Des Menschen größter Makel
ist das Ordinäre,
nicht, dass er allen andern ähnlich wäre.

64

Die schwache Seite der Barmherzigkeit
ist, dass sie der Verschwendung ähnlich bleibt.

65

So viele Menschen gibt's, die schon im Mutterleib
schwer getroffen in die Knie gingen.

66

Der Morgen des Gastes:
»Gewonnen – wie schön!
Und jetzt auf Nimmerwiedersehen.«

67

Hätte der Mensch sich selbst in seinem Kopf ersonnen,
wäre es niemals dazu gekommen,
dass er sich hinter seinem Hintern her trollt.

68

Was, wenn du allen ihr Fehlendes gäbest…

69

Weil ihr mich hasst, hab ich die Liebe zu mir selbst gefunden,
so wie ein Hund vergisst, er gleicht den andern Hunden.

70

Schön, wenn du lebst,
und es geht dich nichts an,
und wen du auch triffst, du bestellst ihnen gleich:
Zur Hölle mit euch.

71

Es gibt keinen größeren Gottesbeweis,
als vom Weltuntergang zu reden.
Da wächst der Mensch in nie gekannte Höhen
und kann sich doch nur als Geschrumpften sehen.
So ist er bloß ein lächerlicher Zwerg
vor seinem Doppelgänger, seinem eigenen Werk.

72

Ein Betrüger, dieser heutige Tag,
will zu nichts taugen...
hin zum ungemachten Bett schleichen die Augen.

73

Die Seele will es, doch schuld ist der Bauch.

74

Für den Fall, ich werde jemals reich,
bitte ich dich, Gott, vor allen Dingen,
dass ich nicht meine, ich müsste sogleich,
was mir stets fehlte, nun an mich bringen.

75

Bin ich erst Herr meiner eigenen Gedanken,
muss ich nicht länger mehr an sie denken.

76

Ich will nichts Böses über die Dinge sagen,
dass sie mir allzu gleichgültig
oder unzuverlässig begegnen,
wenn nur auch sie mich gelassen ertragen.

77

Mein Spieglein spricht:
Junge, mein Bester, wie bemühst du dich!
Mit böser Geduld – sagte ich es aus weiblicher Sicht.

78

Psyches Heer mit dem geschwellten Segel,
dem ein nackter Körper folgt:
über die Sümpfe, Flüsse, Brücken, Wege...
geht er eilend, schwimmt oder fliegt...
mit den Mäusen, Wölfen und Geiern
und mit denen, die im Wasser wohnen,
Mutter und Kind, in Häusern und Betten
schaukelt und wiegt er sich, ist verschwunden...
ganz ferne, und hat schon zu dir gefunden...

79

Mein bestes und köstlichstes Teil: in der Erde.
Freu dich, mein Feind, bald ist es soweit.
Du, der Übles von mir redet
und Tag für Tag von meinem Tode träumt...
Freue dich mit mir,
siehst du uns nicht,
Hand in Hand in dem uralten Tanz
schaun wir der Erde ins Angesicht...

80

Die Freude gilt es zu erraten.
Die Freude hat ein Vorgefühl.
Die Freude spricht:
Zuerst sind nicht die Ruhe und die Wärme,
zuallererst ist Irrsinn da.
Regen, Matsch und nasse Haare, und die Wege in den Wiesen...
Nasse Schuhe und Erkältung, Fieber, Faselei.
Dahinter Wolken und die Sonne, deren jeder Strahl
mit Gier und Andacht aufgesogen
von jedem Tropfen Tau und jedem Blatt, das Erdreich...
trocken, altbekannt und hart...
Seil um die Hüften, Stab in der Hand, die Wege, Steige,
Wälderschatten, Gras,
Insekten, Blumen,
Mensch und Bienen. Genug zu tun für jeden unter ihnen...

81

Der leichte Weg ist gemeinhin der,
den ein Mann von einer Frau erlernt.
Doch dieser Mann hier dreht sich verwirrt,
dreht sich
und sucht in der Erde herum, unter dem Stein und hinter der Mauer...
Er hält den Weg für verschlossen und krumm,
Sie aber sagt zu ihm: Siehst du denn nicht, hier ist der Weg und dort ist die Treppe!
Zeigt, was er sucht, und auch die Verstecke...
Über Frauen weiß ich nicht sehr viel zu sagen.
Auch den Teufel hat noch keiner gestellt,
analysiert und sein Wesen erhellt,
ähnlich ist es mit einer Frau – zwischen zweimal Entkleiden schaut man nicht so genau.
Aber das Wenige, das ich weiß,
kann ich dem Nächsten
nicht richtig erklären.
Also bleibe ich lieber still.
Eine Frau ist,
was man zufällig sieht, wenn man von einer Schaukel schielt.
Sie bringt uns um und erschreckt uns zutiefst.
Anderes teilt sich uns gar nicht mit.
Sie lassen uns mit dem Gefühl allein,
in dem Augenblick ihres Erscheinens
begehrenswert wie ein Brunnen zu sein.
Bleiben Hühner jemals ruhig stehen?
Sie laufen, wühlen, picken, schlucken.
Der Hahn ist unter ihnen eine Marmorsäule
(armer Sklave seiner Einsamkeit).
Die Ahnen trauten ihnen deshalb nicht
und hielten sie an der kurzen Leine.
Und laufen sie nicht mehr auf Zehenspitzen,
treten sie umso leichter fehl
und hinterlassen ein blutiges Mal.

82

Aha, Sie schreiben also Gedichte,
sagt mir ein anderer, nicht ich...
Er weiß ja nicht,
anders als ich,
dass sonst kein Mensch sich derart erschreckt,
wenn man an seine Tätigkeit erinnert.
Dichter...ganz gleich, in welcher Sprache einer schreibt,
aus welchem Land er kommt, aus welcher Zeit,
wenn er dir naht, ist er so wie ein Wind.
Dichter...so alt wie die Menschheit, dies Wort,
und jener Morgen, der erste Ort,
was für ein äußerst seltsamer Morgen...
altorientalisch...
anders kann er nicht gewandet sein,
so taut er herab
aus Wasser, das leuchtet wie Wein,
als sich das Land und das Wasser teilten...
gar nicht wichtig, wie einer schreibt,
es ist ja kein Wettstreit, der euch treibt.
Ihr werdet nicht viel Gemeinsames finden,
keine Sprache, keine Bräuche,
und zuweilen, wenn ich mich nicht täusche,
fällt euch gar nichts Verbindendes ein.
Weder jung ist er noch alt,
in der wechselnden Gestalt.
In jedem Dichterbildnis
ein Gesicht, etwas Ewiges, und auch ein Nichts.

83

Diese Musik erinnert mich an einen schweren Herbst…
Als die Luft von Ahnung schwer war
und ich bäuchlings auf dem Bett lag,
lauschte ich nur dieser einen Musik.
Sie erklang in meinem Zimmer
wie eine unersetzbare Blume,
die in der Kristallvase vor sich hin welkte.
Plötzlich empfand ich Erleichterung
und ein Stein fiel mir vom Herzen
und es fiel mir wieder ein und es ergriff mich freudig,
dass meine Chance auf Selbstmord ja noch offen war.
Wie war ich reich…
Welch großen unberührten Schatz ich da gefunden hatte…
Eine große Freiheit war noch nicht verspielt…
Plötzlich erschien mir alles ganz leicht.
Reden kann man doch über alles…

84

Hörst du, sie ruft dich, die Tür, ihr Knallen!
Der Wind hat dir gezeigt, was Leben ist. Ließ dir die Schuppen von den Augen fallen.
Wie draußen, so lebt auch in dir der Wind,
wie draußen, wenn etwas zugedeckt lag,
wenn etwas träge und konfus erschien,
so wie der Geier mit dem Aas umging.
In dir auch – alles, was lebt, und alle Gedanken,
alles, was taub war und festgefahren,
hat er in Bewegung versetzt, fortgetrieben
und kurzerhand knallt es gleich hier gegen die Wand.

85

Ich bin nicht in der Stadt – die Stadt ist in mir.
Das fühle ich auf meiner Flucht,
als stieße man mit beiden Händen,
unter dem Knirschen aller verbliebenen Zähne,
den Körper eines großen Zotteltieres von sich,
der seelenlos,
vom umgestürzten Tisch, zu Dir hinüberschwamm,
um dich an die Wand zu drücken
mit seinem klebrigen Blut.
Du – vereinsamt
und um Atem ringend, bis in das höchste Stockwerk geklettert,
in einem Neubau, in der Peripherie,
wo man, um die Menschen anzulocken,
riesige skelettierte Bauten errichtet.
Dort sitzt du auf kaltem Beton, mit ausgestreckten Beinen,
zurückgelehnt an frisch gestrichener Wand, als wärest du ein Kind,
und zwischen deinen Beinen klemmt eine Flasche...
Das Leben aber hat nur noch die letzte Bewegung in petto,
es hat die große Kabeltrommel losgelassen wie ein Handgelenk,
es will dich an der Wand zerdrücken
und Schluss machen mit deiner Geschichte.
Wer hat den Tisch gestürzt in deine Richtung?
Wer hat das ungeheuer große Rad entfesselt?
Man sagt, es sei die Liebe... blinder Fall...
Arglosigkeit...
In der Morgue – hier zieht es stark.
Wie lange könnte man dich hier alleine lassen.
Eine wird eifersüchtig auf die andere,
und keine kommt, dich abzuholen.
Sinnlos wird jede Wahrheit, jedes Wort aus deinem Mund,
das Leben wird über dich drüber schauen wie über einen toten Hund.

86

Im letzten Augenblick – als er sich's anders überlegte mit dem Suizid,
nicht, weil er neuerdings das Leben liebte, denn das war nicht der Fall –
er sah nur plötzlich alles, was noch nach ihm käme,
und das sah noch schlimmer aus als sein Verschwinden.
Wer einmal springt, fliegt niemals wieder auf!
Das dumme Leben wird eines Tages noch ganz wahr und weise,
hat man nur genug zu tun mit seiner eigenen Scheiße.

87

Ohne Poesie: ein Kind ohne Halt,
und alle Hoffnung ruht auf seinen schwachen Beinen.
Rings umher beben Erde und Luft
und nichts in Sicht, um sich daran zu lehnen.
Geht oder rennt, schaukelt einsam und fremd...
und weil die von oben gereichte Hand sich entzog,
bleibt nur der eigene schwächliche Leib.
O wie schwierig bist du, mein Ich,
wie schwer, und wie leicht man zusammenbricht!

88

Ich hätte nie daran geglaubt, dass eine Katze durch ein Fenster schaut.
Nachdem ich Türen und Fenster schloss
(und sie der kalten Nacht überließ)
und nur das Licht war an um meiner Ängste willen,
da sah ich, wie sie mich durch das Fenster beäugte.
Jetzt, in der Nacht...
Es half mir wenig, die Augen zu schließen,
denn es wanderten doch die Pupillen unter der Falle der Augenlider...
Gott, da gab es doch noch jemand, die schaute mich genauso an...
und jemand leckte sich auf diese Art die Lippen –
jedesmal, wenn sie den Krieg für sich entschieden...
eine, die ich zu erfreuen versuchte,
eine, die ich dann wieder verfluchte
und die ich mit den Füßen trat... mein Gott...
Ich will zwar nicht, doch steig ich aus dem Bett...
ich muss doch wissen, wer da draußen ist.

89

Ich spiegele mich in jedem Gesicht.

90

Deine Augen sollen mich in Ruhe lassen,
mich nicht testen, wägen oder schätzen...
in so viel Müll schon unterwegs gewesen,
sollen sie mich doch bitte nicht lesen.

91

Deine Lüge respektiere ich natürlich nicht.
Mein Fehler,
den ich nicht verstecke,
ist und bleibt nun mal – mein Fehler.
Doch deine Lüge...gibt es gar nicht mehr.

92

Es lebe die Null,
und es lebe auch er,
der das Leben von Null auf beginnt...
sein Gähnen am Morgen, sein Ächzen am Abend,
so absolut nullig – er lebe hoch...
Es lebe die Null,
die so voll ist und schön.
Vor eine krumme Fünf gestellt,
verliert sie gleich ihre Vieldeutigkeit
und verwandelt sich in einen Fünfzigjährigen.

93

Nicht die Seele, sondern der Bauch,
der sich unter der Brust befindet...
und in der Brust das schlagende Herz...
was spielen sie für miese und geniale Rollen,
wie ungeschickt sie ihre Instrumente halten,
wenn etwas ihnen nicht gelingt,
wenn aller Zauber, das Wissen, die Tricks
ihnen entgleiten, dann nützt alles nichts,
weil es ihre Kraft überschreitet...
und jedwedes kränkende Wort,
das in ihren guten Tagen
irgendeinem andern galt,
stürzt über sie wie bröckelnder Stuck.

94

Alles liegt an seiner Stelle,
hier aber war bestimmt noch keiner –
denn wozu hätte Gott mich sonst geschaffen,
wenn nicht jeder meiner Schritte
mir nur ganz allein gehörte
und mein Geheimnis nur das meine wäre.

95

Der Wolf ist das Wesen,
dem man das Wolfsfell überstülpte,
er hat das Gesicht des Wolfes, seinen Hunger, seine Knie...
und deshalb braucht er keine
erfundenen Masken oder Abenteuer.
Er ähnelt einem Gegenstand, der in die Schlucht geworfen wurde
und folglich unten aufschlug...
Ich bin dieses Wesen,
dem man das Wolfsfell überstülpte,
doch habe ich ein menschliches Gesicht und Knie...
deswegen meint wohl die Natur,
dass Freundschaft zwischen uns unmöglich wäre.

96

Verliebte, lasst euch nicht zertreten von der gottverdammten Liebe,
lasst euch nicht von ihr zerquetschen,
sonst rückt sie an mit einer anderen Macht, die ebenso vernichtend ist.
Gesteht nur ihre vernichtende Kraft
und nehmt nur das auf,
was euch nicht gefährden kann.

97

Wir treffen uns,
um uns endlich zu trennen,
und als Souvenir
lassen wir einen Farbton hier
oder ein Steinchen...
damit einer auf dem Sterbebett,
als kriegte er noch irgendetwas mit,
das bleiche Bild,
das ihn begleiten wird zum Zeichen, dass wir hier gewesen,
noch einmal wahrnimmt, die fast ganz verblasste Farbe, und das Steinchen.
Unsere Schulden fallen uns nur ein,
wenn wir sie nicht mehr zurückzahlen können,
weil wir nur dies einzige Leben erhielten, bitter genug...
Gott, was kümmerst du dich nur
um solche, die so sind wie wir.

98

Als ich, vom Schlaf verlockt, den Vorhang zuzog
und sah, wie draußen
der Schnee so makellos vom Himmel kam,
da zuckte ich zusammen.
Was ließ mich zucken?
War es das Makellose und das Tadellose?
Das ich das ganze Jahr hindurch bekämpfte?
Allgemein gesprochen,
wir können mehr über Sichtbares sagen
als über jenes, das wir in uns tragen.
Jede Sekunde ist eine Mine,
treten wir drauf, dann geht sie hoch.
Und deshalb muss man jeden Augenblick beschreiben.
Doch wohin konnten die Anonymi
ihre geheimen Sekunden werfen?
Gibt es irgendeinen Greis,
der die Sekunden in Regalen archiviert,
sie in der unsichtbaren Bibliothek sortiert?

99

Der verstummte Rasierer gibt zu verstehen:
Du kannst nicht gut mit der Technik umgehen.
Der Spiegel wiederum teilt anderes mit…
Und die Dinge um dich,
du hast die Kraft, manche zu heben, andere kannst du gar nicht bewegen.
Der Himmel ist weit und die Erde so groß,
Feuer und Wasser sind derart gefährlich,
beide wohnen in deinem Haus
und wenn du sie anfasst, wüten sie los.
Andere können sie locker beherrschen.
Was lebst du denn auch in dieser Zeit?
Weil dir nichts anderes übrigbleibt?
Als Bauer hättest du nicht getaugt
(hätte die Kuh bei dir wohl gekalbt?),
auch zum Krieger fehlt dir das Talent
(erst den Gegner mit dem Speer durchbohren, aber dann das Blut auf dem Hemd!) ..
Doch stoßen zwei Wagen auf der Straße zusammen, hältst du das aus?
Vor deinen Augen stürzt ein Mensch,
verfilzt sieht er aus, und du bist verwirrt—
(du wendest dich ab und gehst von ihm weg!) ..
Was kannst du eigentlich?
Sag es ganz leise, dass keiner es hört:
In keiner Zeit möchtest du sein,
aber möchtest du sterben?
Etwa nein?
Das passt doch alles überhaupt nicht zusammen!
Für Kleinigkeiten bezahlt man viel,
aber das macht dann auch nichts mehr aus.
Auf Nichtigkeit gibt es zwei Reaktionen:
Ein Weiser bedenkt sie auf Lebenszeit,
ein Laie steht schnell mit der Antwort bereit.

100

Eigenartig, doch das Flair dieses Buches erschloss sich mir erst
ein paar Seiten vor Schluss.
Genau so leben und so lieben wir!
Schwachsinn, adieu!
Wir sagen das nicht aus der Angst heraus, von ihm nicht völlig loszukommen.
Ist es euch noch nicht aufgefallen, wie sogar der ärmste Bettler
sich einen sauberen Platz aussucht, wo er sich hinsetzt?
(Womit könnte er sich noch beschmieren!)
Wenn man den ganzen Matsch gen Himmel schleudert,
gibt es hienieden kein Erdreich mehr.
Und wenn du zurückdenkst, denkst du nur an das Schlechte?
Um immer so erbost zu sein?
In einem Stern steckt doch der ganze Himmel,
in einem Wort, in einer Tat der ganze Rest.

101

So müde bin ich,
dass alle Erde nicht ausreichen kann,
mir die Augen zu decken.

102

Der Spiegel lehrt uns
ein wahreres Bild
als das, was in unsern Gedanken entsteht.

103

Immer suchen wir es zu benennen,
wenn uns wieder die Nerven durchbrennen – für die Seelenqual
wollen wir eine Erklärung haben,
so wie wir den Bäumen Namen gaben.
Auch die Blätter tragen einen Namen.
Sie haben die Unruhe von den Bäumen erhalten,
auch das Leben, und ihren Fall.

104

Ständig träume ich davon,
etwas zu Papier zu bringen –
nennen wir es ein Buch –,
zur Erfüllung meiner größten Herzenswünsche...
So dass ein Mann, der Angst erlitten hat, es ruhig öffnen kann
in der Hoffnung,
in diesem Buch auf nichts zu stoßen,
das ihn in jedem Augenblick bedrohlich anstarrt
und ihm Antwort abverlangt,
wie man sich selber fremd und allem feind wird, was uns gleicht –
wenn viel Gemeinsames im Wasser liegt
und den Eigensinn besiegt.
Die Menschen haben mehr gemeinsam, als sie scheidet.
Ein Einwand,
auch ein Scherz, konnte doch mehrfach schon Bluträcher trennen.
Wie lange wollen wir noch Wilden gleichen,
oder auch den Helden Shakespeares?
Auf orientalischen Miniaturen ist derart viel Blut,
man könnte damit den Himmel färben.

105

Immer, wenn draußen die Bremsen quietschen
und man bang einen Aufprall erwartet,
fällt mir die Frage wieder ein:
Was würde wohl mein Ahn zu alldem sagen,
vor zweihundert Jahren
lenkte er in einem Dorf den Ochsenwagen.

106

Sein Leben lang hat er an diesem Schauspiel gearbeitet;
sogar den Hauptdarsteller für den Helden hatte er schon.
Er führte das Spiel auf, er war damit fertig...
Langwierig war es und kompliziert,
wie am Ende des Stückes der Held dann stirbt
und alles nach seinem Plan geschah
und wie dann alle Welt es sah,
da wollte er nicht mehr den Tod des Helden.
Er beklagte sich, benahm sich störrisch, sagte: Gebt ihn mir zurück.
Aber ein Schauspiel läuft nicht gegen den Uhrzeigersinn.
Fängt irgendwann an und dann zieht es sich hin, bis es endet.

107

Selbstverständlich findest du es peinlich,
unter den Augen so vieler Menschen Papier und Stift herauszuziehen,
aber der Teufel wird dich ohnehin verführen,
und das Leben rächt sich wie üblich an dir.
Dann holst du noch ein frisches Taschentuch hervor,
um dir den peinlichen Schweiß abzuwischen –
doch dann ist Straßenstaub darin
und trifft auf deine picklige Nase...
und mit Entsetzen fährst du fort:
Von diesen zwei Greisen weiß einer Bescheid,
dass er sich aufrichten muss zum Gruß,
sich erheben und die Schultern schütteln, nicken,
lachen, scherzen muss,
Kontakt halten mit den Knien, dem Herzen,
und ununterbrochen
mit seiner Laune,
um sich selbst auf die Finger zu schauen...
Dem anderen ist die Stuhllehne lieber und ihm so wie ein Baumstumpf vertraut,
weswegen er stets in die Ferne schaut.

108

Es war für ihn beschlossene Sache:
Schuld an seiner schlechten Laune war
der klitzekleine Pickel,
den er hinter seinem Ohr ausmachte.

109

An wie vielen Orten packte ich schon meine Sachen aus –
meine Sünden – auch die unterlassenen,
meine ganzen Lebenskäufe,
wohin könnte es noch gehen?
Dass die Menschen so alt werden müssen!

110

Aufwachen und denken:
Worauf werde ich mich heute freuen?
Gott, dieses Gefühl ist so unwiderstehlich,
so wie Vögel schlendern in den Sphären, die sich doch auf Erden nähren.

111

Wie viele Dinge haben meine Augen schon geschluckt, mein Gott!
Doch jeden Morgen sind sie hungrig und gierig.

112

Du betrachtest dieses Leben und die Wirklichkeit
mit zum Scheitern verurteilter Naivität,
sie aber starren dich ausdauernd an,
sie wissen, wie's geht.

113

Wer fraß mich aus meiner eigenen Handfläche auf?
Das war ich!
Tag und Nacht und jede Minute und Sekunde!
Gierig schnell und wie zum letzten Mal.
Wer ist denn nur so dauernd ungesättigt?
Wer frisst sonst seine eigene Leber auf?
Wer verbrennt sich seine eigenen Haare?
Wer verschwendet seine Gesundheit?
Der Stein gibt meine Wunde nicht zurück,
kein Härchen beschert mir die Bürste am Morgen...
das Wasser greift sich mein Gesicht, das Bett – meinen Körper.
Ich bin überall, war überall...
Gehe ich aus mir heraus, schließt die Tür sich sofort zu
und jede Sekunde öffne ich eine neue.

114

Gehen die Heimat und ich denselben Weg?
Die Trinker, die sich selbst betrügen,
mittellos alle, lauter hoffnungslose arme Kerle.
Sie schauen den eingebildeten Nektar
wie einen Tropfen Honig an
und bilden sich ein, es helfe ihnen.

115

Stöhnen willst du,
und du willst es sehr,
doch es verletzt dich nur noch mehr,
wenn jemand es erfährt.
Und du liegst über deinem Stöhnen quer, setzt Moos an.

116

Affen bewegen ihre Arme viel,
können die ganze Nacht mit einem Finger
an einem Ast hängen und schaukeln.
Und doch hat noch niemand Grazie
in ihrer Bewegung bemerkt.
So geht es wohl auch diesem Psychiater,
der auf seine Hände schaut…
nur, was ist denn Bewegung allein!
Grazie – das ist die Seele, im Wissen kann sie nicht enthalten sein.
Davon weiß aber dieser Psychiater nichts.
Er nimmt sogar im Pendel einer Uhr noch Anmut wahr.

117

Ringsum – wie nirgends…
sollte das meinen,
einer weiß
sich selber anzustarren?
Ist man überall in allem,
dann entfernt man sich ja von sich selber nicht…
Ringsum – wie nirgends…
Wenn sichtbare Welt und Geist, wenn Himmel und Erde sich vereinen.

118

Um die wichtigsten Worte zu sagen, sind uns unsere Lippen versiegelt.
Mach nur den Mund auf, dann verstehst du es gleich.
Du wirst es sogar fühlen können,
weshalb die Lippen stimmlos waren...
Seine allerwichtigste Plage verrät der Mensch nicht gern,
deshalb ähnelt er ihr.
Deshalb liegt sein Verstand so angeknipst auf der Lauer —
wie eine träumerische Waffe,
wenn ein Zielloser ziellos schießt — so gebraucht der Mensch seine Zunge,
lacht und redet, bahnt sich mit den Schultern den Weg,
schärft seinen Grips...
Um die wichtigsten Worte zu sagen, sind uns unsere Lippen versiegelt.
Und sie können nur das Leben nachahmen in Tausenden seiner Bewegungen.
Was ist für mich, Herr, wohl erlaubt?
Darf ich Wasser? Darf ich Wein?
Honig, Pfeffer, Schlaf und Wachen...
Ist mir Denken wohl erlaubt?
Tief und dunkel, wie es ist.
Wir gehen umher und wühlen im Müll...
Kummer ist mir reich gegeben,
leiden darf ich, wie ich will...
Nach oben bin ich aufgestiegen, und meine Schultern tragen Schaum.

119

Der Mundgeschmack ist dem Speichel geschuldet –
schmeckt nach der Seele,
schmeckt nach dem Land,
schmeckt nach den Menschen,
dem Leben.

Nachwort

Fragt man unter georgischen Lyrikern, insbesondere denen, die der »Wendegeneration« angehören – die also ihre literarisch prägenden Jahre mit dem Untergang des Sowjetreiches (1991) verbinden – nach einem Vorbild, einem bestimmenden Einfluss, dann fällt zwangsläufig und zuerst ein Name – Besik Kharanauli. Die in Deutschland lebende Lyrikerin Bela Chekurishvili sagt über ihn:

> Er ist seit der Wende bis zum heutigen Tag eine Ikone für die georgischen Leser und Leserinnen. In den sozialen Medien werden auf den georgischen Seiten die Gedichte von Besik Kharanauli sehr oft gepostet und zitiert. Der Autor wird immer nur mit dem Vornamen »Besik« erwähnt, und für jeden ist klar, um wen es geht. Er ist in Georgien sehr populär, weil seine Dichtung nicht hermetisch ist, und sie berührt jeden.

Eine ähnliche Erfahrung machte auch Timothy Kercher, ein amerikanischer Lyriker, der von 2006 bis 2010 in Tbilisi lebte:

> Wenn ich Dichter wie Zviad Ratiani, Maia Sarishvili und Shota Iatashvili fragte, wen man in eine Anthologie georgischer Gegenwartslyrik aufnehmen müsste, dann wurde sein Name immer erwähnt. In Georgien hält man ihn für den vielleicht größten lebenden Dichter. Man sagte mir, wenn überhaupt irgendjemand aus Georgien es verdiene, für den Literatur-Nobelpreis in Betracht zu kommen, dann sei es Besik, und in der Tat wurde er von Georgien für diese Ehrung nominiert. Wenn ich fragte, welche Gedichte ich von ihm übersetzen sollte, wurde ich immer auf »Die behinderte Puppe« verwiesen.

»Die behinderte Puppe«, von Kercher unter dem Titel »The Lame Doll« ins Englische übersetzt, ist ein 1972 im Verlagshaus Merani veröffentlichtes Langgedicht, es war Kharanaulis zweite Publikation.

46 Jahre später sitze ich mit dem nun bald achtzigjährigen Dichter in einer Küche in Berlin-Moabit, und wie er mir die Geschichte dieser Veröffentlichung erzählt, erweckt es den Eindruck, er könne noch immer nicht recht glauben, dass der Streich tatsächlich glückte, den er der Zensurbehörde mit diesem, alle geltenden Tabus brechenden Werk spielte. Er vermittelte nämlich den Anschein, es handele sich um einen bloßen Nachdruck seines 1968 erschienenen, wenig beachteten ersten Gedichtbands.

Sogar auf dem Umschlag stand lediglich »Gedichte«, nicht einmal der Name des Verfassers tauchte dort auf. Der zuständige Zensor schaute dann gar nicht erst genauer hin, das Buch konnte gedruckt werden – ein echtes Husarenstück und eine überaus notwendige Camouflage. Denn »Die behinderte Puppe« verstieß sowohl formal als auch in ihren Inhalten gegen alle Postulate der sowjetischen Literaturdoktrin. Georgische Gedichte hatten konventionell gereimt zu sein, sie sollten ein möglichst heroisches Thema wie das Vaterland, den Krieg oder die Großtaten des Sozialismus besingen und in jedem Falle dem Leitbild vom tüchtigen, optimistischen Werktätigen entsprechen.

Dieses Gedicht war jedoch völlig anders. Es ist ein einziger Klagegesang auf die conditio humana unter den konkreten Bedingungen des real existierenden Sozialismus in einer kaukasischen Sowjetrepublik. Es beginnt mit der ironischen Schilderung, wie ein Mann mittleren Alters morgens kaum aus dem Bett kommt, weil er in den auf ihn wartenden täglichen Verrichtungen keinen Sinn sieht, und es endet mit dem regressiven Wunsch nach einer Rückkehr in den Mutterschoß. Es erinnert damit an die Stimmungen, die der österreichische Dichter Ernst Jandl in seiner Sprechoper »Aus der Fremde« wenige Jahre später ebenso radikal zu Papier brachte. Mit einem einzigen scharfen Axthieb fällte Besik Kharanauli den morschen Baum eines zwanghaft gewordenen Traditionalismus. Das in 18 Kapitel eingeteilte Langgedicht kümmert sich nicht um die überlieferten metrischen Systeme, es ist durchgehend in freien Versen verfasst, die keinem anderen Gesetz als der Eingebung des Dichters und seinem Wunsch nach Ausdruck gehorchen. Die georgische Literaturwissenschaftlerin Lali Avaliani fasst es so:

> Es ist schwer, sich einen weniger nonkonformistischen Dichter vorzustellen, als Besik Kharanauli einer ist. Er ist seiner »Methode« seit nahezu einem halben Jahrhundert treu. Er schreibt, wie sein Herz es ihm eingibt.

Für die Lyrik der nachfolgenden Generationen eine bahnbrechende und befreiende, vielfach nachgeahmte Leistung, wie die Übersetzerin Nana Tchigladze, die für das vorliegende Buch die der Nachdichtung zugrunde liegenden Interlinearversionen schuf, hervorhebt:

> Das Auftreten von Besik Kharanauli änderte die Lage in der georgischen Dichtung vollkommen und entfaltete die unabsehbar wachsenden Perspektiven des georgischen vers libre. Er bestätigte selbst am besten die Vitalität dieser damals neuen Richtung. Mit seiner Individualität schuf er eine neue künstlerische Realität.

Timothy Kercher schreibt in seiner Einschätzung von Besiks literarhistorischer Bedeutung:

> Man könnte sagen, Besik Kharanauli sei der Walt Whitman seines Landes – der Meister des freien Verses, ein nonkonformistischer Dichter, auf dessen Schultern die moderne georgische Dichtung ruht, aber das würde die Sache zu einfach machen. Kharanauli ist größer als Walt Whitman. Er ist Georgiens Ezra Pound und T.S. Eliot, und in seinem späteren Werk ist er sogar Georgiens Gabriel García Márquez.

Nun geht es freilich nicht um Superlative, und ein Vergleich macht erst Sinn, wenn man genauer hinschaut. Und in der Tat lassen sich die Gedichte Besiks im Lichte dessen lesen, was T.S. Eliot in dem 1917 publizierten Essay »Reflections on vers libre« schreibt, der die Grenze zwischen konventionellen und freien Versen relativiert und mit dem markanten Diktum endet: »There is only good verse, bad verse, and chaos«.

> Die Befreiung vom Reim lässt sich durchaus auch als Befreiung des Reims verstehen. Frei von seiner dienenden Aufgabe, schwachen Versen aufzuhelfen, kann man ihn mit größerem Effekt einsetzen, wo er wirklich benötigt wird. Denn oftmals gibt es in reimlosen Gedichten Passagen, wo man den Reim für besondere Effekte braucht, für eine plötzliche Verdichtung, für eine kumulative Steigerung, für einen plötzlichen Wechsel der Stimmung.

Genau in diesem Sinne macht sich auch Besik Kharanauli den Reim gezielt und unsystematisch zunutze; und rhythmisch rasant, mit dem Ohr geschrieben, sind seine Verse ohnehin. Wie es sich für einen wirklichen Erneuerer gehört, ist er natürlich ein hervorragender Kenner der georgischen Dichtungstradition, die ja bereits mit einem Langgedicht einsetzt, dem »Recken im Tigerfell« (bzw. Pantherfell) von Shota Rustaweli, und über Jahrhunderte waren Versepen die Träger der georgischen Überlieferung. Erst vor diesem Hintergrund lässt sich die innovative Leistung des Dichters ermessen, der ehrwürdigen, in Deutschland weitaus weniger verbreiteten Form des Langgedichts eine ganz neue, authentische Welthaltigkeit zu geben und sie als Sangesweise einer neuen Zeit zu etablieren. Der Dichter, den er am meisten liebt, ist Nikolos Baratschwili (1817–1844), der als größter Dichter der Romantik in Georgien gilt und mit 27 Jahren verstarb. An ihm berühren ihn die tiefen Gedanken, die er mit denen Hölderlins vergleicht, an ihm rühmt er zugleich die formale Kühnheit, das über Jahrhunderte als regelhaft geltende sechzehnsilbige Versmaß der georgischen Lyrik um eine ganze Silbe zu verkürzen. Jede neue Form, so sagt Besik, schließt zugleich eine neue Denkweise auf.

Und mitunter ist es die plötzliche Transposition längst bestehender Formen in einen neuen Kontext, die eine solche schubhafte Erneuerung leistet. Reimlose Verse waren in der georgischen kirchlichen Hymnik und ganz besonders in der Volkspoesie verbreitet, ehe Besik mit diesen Mitteln die Hochliteratur seines Volkes revolutionierte. Seine Verwurzelung in der Volksdichtung reicht bis tief in die Kindheit zurück, und es ist berührend, den alt gewordenen Dichter von diesen Anfängen berichten zu hören:

> Als Kind musste ich meine Oma zu Trauerfeiern begleiten, bei denen Klagelieder angestimmt wurden, eine Form der georgischen Volksdichtung, das hat mich beeinflusst. Ich war 14, als eine Zeitung in Tbilisi meine zwei ersten Gedichte druckte. Beide waren ohne Reim. Die Klagedichtung ist nicht gereimt, hat aber einen bestimmten Rhythmus und eine bestimmte Form. Später konnte meine Oma sich nicht mehr bewegen, aber sie hörte Rundfunk, und wenn ich nach Hause kam, erzählte sie mir, was sie gehört hatte, ob es traurig war oder nicht. Und dann habe ich begriffen: Einen Menschen traurig zu machen, ist wichtig, um ihn wach zu machen. Das Herz muss sterben, um wieder aufwachen zu können.

Besik Kharanauli kam 1939 in Tianeti, einer kleinen Stadt nordöstlich von Tbilisi, in der Region Pschawi zur Welt. Über seine Heimatstadt sagt er heute: »In Tianeti passierte damals nichts und heute auch nichts. Und es wird vielleicht auch in Zukunft nichts passieren.«

Das ist für den Dichter keineswegs ein Mangel, sondern eine wunderbare Beruhigung: Die Kindheit ist der große Sesam, in ihr bleibt alles, wie es immer war, und nur der Dichter kann mit seinen Zauberworten diesen Sesam öffnen. In allen Dichtungen des Autors tauchen die Erinnerungen an seine Kindheit in der ländlichen Umgebung auf, sie sind gleichsam das leuchtende Gegenbild zu allen Bedrückungen und Wechselfällen des Lebens, denen der manchmal »Ale« oder »Alexandre« genannte Protagonist der Gedichte begegnet. Später ging Besik natürlich nach Tbilisi, studierte Philologie und arbeitete als Redakteur für diverse Zeitschriften und Verlage. Aber bis heute ist Tianeti einer seiner beiden Lebensorte, dorthin kann er sich mit seiner Frau aus Tbilisi zurückziehen, dort findet er die Bilder, die er braucht, um seine Poesie immer wieder zu erwecken.

Das vorliegende Buch umfasst fünf Langgedichte von Besik Kharanauli, entstanden zwischen 1972 und 1991, beginnend mit der legendären »Behinderten Puppe« und endend mit dem Zyklus »Einer liegt in Agonie«, dessen Titel allein schon einen denkwürdigen Kommentar zum Ende der sowjetischen Herrschaft darstellt. Sie zeigen, wie dieser Dichter in der langen letzten Phase des Systems, unter dem er aufwuchs, dachte, wahrnahm und fühlte, und welche Klangschöpfungen er einem eingeengten Leben abtrotzen konnte. Er hat seither weitergeschrieben, es sind sogenannte »metapoetische«, die Genres Lyrik und Prosa mischende Texte entstanden, auch zwei Romane, die wohl für seine Einschätzung als der Márquez seines Landes maßgeblich sind – man kann nur hoffen, dass auch sie einmal auf Deutsch erscheinen können. Zuletzt erschien 2015 der Band: »Wie die Krähe den Abend im Baumwipfel zubringt« im Verlagshaus Intelekti. Manche seiner Gedichte sind in Georgien auf eine Weise populär, wie man es sich für zeitgenössische Gedichte im deutschen Sprachraum nur erträumen kann. Bela Chekurishvili berichtet aus ihren Lektüreerfahrungen:

Das erste Gedicht von ihm habe ich in der Schulzeit gelesen, in den Achtzigern, in einer Anthologie georgischer Liebesgedichte. Dieses Poem war eine ungewöhnliche Liebeserklärung, und fast jedes Mädchen hatte es damals in sein Tagebuch geschrieben. Und später war sein Langgedicht »Die Kartoffelernte« für meine Generation etwas Besonderes, eine Familiengeschichte, in der ein junger Mann gar nicht hilfsbereit oder ein Mutterkind war, wie es so oft in der georgischen Dichtung thematisiert wurde, vielmehr geht es um die Beziehungen zwischen den Generationen mit all ihren Konflikten. Merkwürdigerweise war es relativ unpoetisch, aber sehr menschlich, und es erregte in uns große Leidenschaft. Nachdem meine Kommilitonen und ich den »Angelina«-Zyklus gelesen hatten, gingen wir durch die Korridore der Universität in Tbilisi und begrüßten einander mit den Worten: »Sprich mir vor, Angelina«. Es war für jeden sehr peinlich, wenn man auf irgendeiner Party oder einem Ausflug sagte, dass man von »Angelina« nichts wusste oder aus diesem Langgedicht nichts zitieren konnte.

Ja, so müsste es überall zugehen in der Welt. Besik Kharanauli, ein wunderbarer Dichter, wie es immer nur wenige auf der Erde gibt, sollte auch in Deutschland Leserinnen und Leser finden, die seine Verse im Herzen immer bei sich tragen, denn dort kommen sie auch her.

Norbert Hummelt, Berlin, 30. Juli 2018

Besik Kharanauli, geboren
am 11. November 1939 in dem Städt-
chen Tianeti, gelegen im Nordosten
Georgiens, in einer der am wenigstens
entwickelten Regionen des Landes.
Kharanauli studierte an der Philologi-
schen Fakultät der Staatlichen Universi-
tät Tbilisi. Anschließend arbeitete er als
Redakteur für verschiedene Literatur-
zeitschriften. Seit 1954 tritt er als Dich-
ter in Erscheinung, die erste Veröffent-
lichung einer Gedichtsammlung datiert
von 1968. Bislang erschienen mehr als
zwanzig Bücher mit seinen Gedichten
und Erzählungen.

Die Auswahl für diese Publikation wurde vom Autor selbst besorgt.

Die Deutsche Bibliothek – CIP-Einheitsaufnahme
Ein Titeldatensatz für diese Publikation ist bei
Der Deutschen Nationalbibliothek erhältlich.

ISBN 978-3-935597-92-0
www.dagyeli.com